Filosofando no cinema

Ollivier Pourriol

Filosofando no cinema

25 filmes para entender o desejo

Tradução:
André Telles

Título original:
Vertiges du désir
(*Comprendre le désir par le cinéma*)

Tradução autorizada da primeira edição francesa,
publicada em 2011 por Nil Éditions, de Paris, França

Copyright © 2011, Nil Éditions, Paris

Copyright da edição brasileira © 2012:
Jorge Zahar Editor Ltda.
rua Marquês de S. Vicente 99 – 1º andar | 22451-041 Rio de Janeiro, RJ
tel (21) 2529-4750 | fax (21) 2529-4787
editora@zahar.com.br | www.zahar.com.br

Todos os direitos reservados.
A reprodução não autorizada desta publicação, no todo
ou em parte, constitui violação de direitos autorais. (Lei 9.610/98)

Grafia atualizada respeitando o novo
Acordo Ortográfico da Língua Portuguesa

Preparação: Angela Ramalho Vianna | Revisão: Mariana Oliveira, Sandra Mager
Capa: Rafael Nobre | Foto da capa: © Olga Ekaterincheva/iStockphoto

CIP-Brasil. Catalogação na fonte
Sindicato Nacional dos Editores de Livros, RJ

P894a   Pourriol, Ollivier, 1971-
        Filosofando no cinema: 25 filmes para entender o desejo / Ollivier
        Pourriol; tradução André Telles. – Rio de Janeiro: Zahar, 2012.

        Tradução de: Vertiges du désir: comprendre le désir par le cinéma
        Inclui bibliografia e filmografia
        ISBN 978-85-378-0788-0

        1. Cinema. 2. Desejo. 3. Atores e atrizes de cinema. 4. Desejo (Filosofia).
        I. Título.

                                            CDD: 791.4301
12-1565   CDU: 791:1

Sumário

1. Os objetos do desejo   9
O desprezo | A carne   9
Eros | A mão   23
THX 1138 | A carícia   29
Cinema Paradiso | O desejo que permanece desejo   36

2. O desejo de reconhecimento   42
Bom trabalho e *Touro indomável* | O olhar que mata   42
Fogo contra fogo | A luta mortal das consciências   47
Cruzada | O desejo de absoluto   51
Menina de ouro | A mulher é um homem como outro qualquer?   56

3. O desejo mimético   70
Cassino | O desejo dos outros   70
Blow-up | A ilusão do eu   78
A fantástica fábrica de chocolate | O desejo de ser diferente   83
Toy Story | Os brinquedos do desejo   88
Na roda da fortuna | O desejo acorrentado   94
Zoolander | Os modelos do desejo   98

4. A loucura do desejo   104
Ciúme | O inferno do amor possessivo   104
Jornada da alma | O amor louco?   109
Estranhos prazeres | A droga do prazer   127

5. O tempo do desejo 132

Réquiem para um sonho | A falta 132

Beleza americana | A fantasia 146

6. Vertigem do amor 163

Cassino | A eletricidade do desejo 163

Ligações perigosas | O risco do amor 172

Asas do desejo | A fome de viver 183

Filmografia 193

Referências bibliográficas 195

Agradecimentos 197

"... não me beije, não me ridicularize,
sou uma bailarina que não sabe dançar."

MARILYN MONROE, *Fragmentos*

1. Os objetos do desejo

"Havia a civilização ateniense, houve o Renascimento,
agora entramos na civilização da bunda."

Pierrot le fou

O desprezo | A carne

Há o mundo, e depois há o mundo do desejo. Há o rosto, o nariz, a boca, os olhos, há a mão, depois há a sua mão, seus olhos, seu nariz, sua boca. Seu rosto. Há o mundo e depois você. Quando sinto falta de você, o mundo fica vazio, ou tomado por você, depende; aliás, dá no mesmo. Quando digo que você é o objeto do meu desejo, eu devia morder minha língua. Ou a sua. Você não é um objeto como os outros. Não é um objeto dentre outros. É outra coisa, teríamos de dizer de outra maneira. Porque é como no cinema: quando você entra no campo de minha consciência, você apaga os outros objetos e passa ao primeiro plano, relegando-os ao segundo plano. Há você, depois o resto, todo o resto, que não passa de um cenário, um contexto, um casulo para você. Você muda o mundo. Sartre diz a mesma coisa, mas de maneira diferente: "Acontece com o desejo o mesmo que com a emoção: já assinalamos que a emoção não é a apreensão de um objeto comovente num mundo inalterado; porém, ao corresponder a uma modificação global da consciência e de suas relações com o mundo, ela se traduz por uma alteração radical do mundo" (*O ser e o nada*). Sim, o desejo modifica a consciência de maneira global. O desejo não é parte de um todo, mas modifica o todo. O desejo é como uma gota de groselha num copo d'água: muda tudo. A água toda fica vermelha. A consciência inteira ganha a cor do desejo, logo, o mundo dessa consciência também muda radicalmente: há um mundo do desejo. E o que faz o cinema, senão nos mergulhar nesse mundo do desejo pelo filtro de uma consciência? Durante o tempo de um filme, partilhamos uma modificação global da consciência de um personagem e vemos o mundo através de seus olhos, ou melhor, através de seu olhar: entramos no mundo de seu desejo. O cinema nos propõe viver alterações radicais do mundo, modificações globais da consciência, com a segurança de uma moldura ao mesmo tempo espacial (a tela) e temporal (a duração do filme). Um filme é uma viagem dentro do desejo do outro, no mundo de seu desejo, uma viagem da qual retornamos sempre mais ricos, ricos de um mundo, mas sobretudo ricos de desejo.

Brigitte Bardot está nua. De bruços na cama. As nádegas, as costas, os cabelos. BB. Claro, usa outro nome no filme: Camille. Mas ninguém se ilude, trata-se de Brigitte Bardot. Nua. Totalmente nua. Oferecida ao olhar. A frase de Sartre nunca soou tão pertinente: "Acariciar com os olhos ou desejar são uma única e mesma coisa."

Os objetos do desejo

– Está vendo meus pés no espelho?

(*Pergunta Camille a Paul [Michel Piccoli], seu marido, deitado a seu lado, que contempla o reflexo dela fora do campo, ou olha para outro canto, olha sem olhar e parece responder sem pensar:*)

– Estou.

– Acha bonitos?

– Acho. Muito bonitos.

– E os tornozelos, gosta deles?

– Gosto.

– E dos joelhos também?

– Sim. Gosto muito de seus joelhos.

– E das coxas?

– Também.

– Está vendo minhas costas no espelho?

– Estou.

– Acha bonitas minhas nádegas?

– Acho. Muito.

(*Nesse momento ela diz uma coisa que não se ouve. Ele responde:*)

– Ótimo.

– E meus seios, gosta deles?

– Sim, imensamente.

(*Ele quer abraçá-la.*)

– Devagar, Paul, mais devagar.

– Desculpe, Camille.

(*Ela se solta do abraço e recomeça o inventário:*)

– O que você prefere, meus seios ou o bico dos meus seios?

– Não sei. Tanto faz.

– E os ombros, gosta deles?

– Sim.

– Pois eu gostaria que fossem mais arredondados.

(*Ela fala dos ombros, mas já estamos nas nádegas.*)

– E os braços, gosta deles?

– Gosto.

– E do rosto?

(*O ambiente passa do vermelho ao azul. Mudança de filtro.*)

– Também.

– Tudo? Boca, olhos, nariz, orelhas?

– Sim, tudo.

– Então você me ama totalmente.

– Sim, amo você totalmente, carinhosamente, tragicamente.

– Eu também, Paul.

Totalmente ou quase isso, uma vez que Brigitte Bardot passa em revista o corpo inteiro, à notável exceção das mãos. Subimos dos pés até as nádegas, é um travelling natural e contínuo, depois, de modo estranho, pulamos direto das nádegas para os seios, nos quais nos demoramos, dos seios para o bico do seio, antes de voltar ao caminho natural, ombros, braços, quando acontece nova omissão, elipse das mãos, e pulamos para o rosto, detalhado, sentido por sentido. Por que essa insistência nas nádegas e nos seios? Por que esse esquecimento das mãos? "Não por acaso", diz Sartre, "o desejo, ao mesmo tempo que visa o corpo inteiro, alcança-o sobretudo através das massas de carne menos diferenciadas, as mais grosseiramente inervadas, as menos capazes de movimento espontâneo, os seios, as nádegas, as coxas, a barriga: elas são como a imagem da pura facticidade. É por isso também que a verdadeira carícia é o contato de dois corpos em suas partes mais carnais, o contato das barrigas e dos peitos: apesar de tudo, a mão que acaricia permanece sutil, bastante próxima de uma ferramenta aper-

Os objetos do desejo 13

feiçoada. Mas o desabrochar das carnes uma contra a outra e uma pela outra é a verdadeira finalidade do desejo."

Voltaremos a essa mão e ao sentido da carícia. Para conhecer o desejo, precisaremos tanto de Sartre, Hegel e Deleuze quanto de Wong Kar-Wai, George Lucas ou Martin Scorsese. A filosofia e o cinema compartilham essa paixão pelo desejo, e isso por uma razão muito simples: o desejo é todo o seu ser. Filosofar é literalmente "desejar saber" (*philo*: desejar; *sophia*: saber, sabedoria). O filósofo, como Sócrates, é aquele que sabe apenas uma coisa: que nada sabe. Mas isso ele sabe bem. Sabe que amaria saber. E portanto procura, deseja, está em movimento rumo ao saber que lhe falta, mas que ele pressente. Não há certeza alguma de que essa busca será bem-sucedida, nenhuma garantia, e sim, como diz Platão, um grande risco. De forma análoga, um filme nos põe em relação com o desejo de um personagem, que por sua vez se põe em movimento em direção a um objetivo que talvez ele não alcance – do qual está separado por inúmeros obstáculos –, mas que vale o risco. E para os espectadores também vale seguir o personagem e acompanhar a linha e o movimento de seu desejo. Em ambos os casos, o movimento só é possível pelo desejo. Portanto, se o cinema é a arte do movimento, da imagem-movimento, como diz Deleuze, ele é ao mesmo tempo a arte mais apta a esposar o movimento que é o desejo e a encarnar o movimento que é a filosofia. Porém, curiosamente, embora seja uma arte filosófica, o cinema nem sempre tem consciência disso. O cinema, como diz Jean Douchet, é o próprio movimento do pensamento, ou o pensamento encarnado em movimentos; nele, o pensamento não precisa ser expresso de outra forma. Se há pensamento no cinema, ele pode permanecer oculto no conjunto dos movimentos que vemos na tela. Aliás, é assim que deve ser. No cinema, o pensamento está todo no movimento. E o filme é essa estranha e poderosa máquina de pôr a alma em movimento. O filme arrasta a alma para um mundo de desejo. Mecanicamente. E magicamente. Godard, na abertura de seu filme *O desprezo*, adaptado do romance de Alberto Moravia, acolhe o espectador com uma declaração em off: "O cinema, dizia André Bazin, substitui nosso olhar por um mundo que coincide com nossos desejos. *O desprezo* é a história desse mundo."

Se o cinema pretende historiar esse mundo do desejo é porque, como o cinema, o desejo é ao mesmo tempo claro e obscuro. Claro, uma vez que tudo nele é visível, e obscuro porque nada nele é explícito. Da mesma forma que o cinema encena movimentos derivados de um pensamento que pode e deve permanecer oculto, fechado no interior do visível, mas ele próprio invisível, o desejo pode permanecer cego para si mesmo, tendo, porém, ao mesmo tempo, consciência de seu poder. O desejo não precisa da razão, e a razão não pode fazer nada por ele nem contra ele. A luz do desejo não é a do entendimento, mas a de um movimento. Uma evidência cuja fonte continua desconhecida. Uma força que anda. Nada mais claro e, não obstante, como diz Sartre, nada mais turvo. "Na verdade, todos concordamos que o desejo não é apenas *vontade*, clara e translúcida *vontade* que, através de nosso corpo, visa determinado objeto. O desejo é definido como turvo. E o termo turvo pode nos ajudar a determinar melhor sua natureza: opomos uma água turva a uma água transparente; um olhar turvo a um olhar límpido. A água turva continua a ser água; conservou sua fluidez e suas características essenciais; mas a translucidez é 'turvada' por uma presença intangível que

Os objetos do desejo

a ela se integra, que está em toda parte e em parte alguma, e que atua como um espessamento da água por si mesma." Não uma simples tinta, não apenas a cor da groselha, não apenas um filtro, mas um turvamento, um "espessamento" que muda a textura e a opacidade do líquido original. A água turvada parece opaca, passamos do vidro translúcido ao vidro fosco. O turvamento anuvia e adensa ao mesmo tempo. O turvamento é visível mas impede de ver. A luz já não passa. A vontade é clara, no fundo, clara demais, clara como uma simples necessidade, uma vontade de mijar, a vontade é claramente animal ou bestial, ao passo que o desejo carrega sua escuridão própria, seu adensamento, sua profundidade, seu risco e sua noite. O desejo não tem a inocência indiferente da vontade: "Não desejamos uma mulher nos mantendo completamente fora do desejo, o desejo me *compromete*: sou cúmplice de meu desejo. Ou melhor, o desejo é todo estabelecer cumplicidade com o corpo" (Sartre). Esse comprometimento com o corpo também pode ser entendido como uma promessa feita com o corpo, ou graças a ele. Se a cumplicidade é a virtude dos criminosos, ela realiza algo bem diferente de um crime, e pode ser entendida como a consumação de nossa natureza contraditória. Sartre continua ultracartesiano no dualismo exacerbado: o Ser e o Nada, em outras palavras, o corpo e a consciência – Descartes falava em substância extensa (*res extensa*) e substância pensante (*res cogitans*) – celebram no desejo a sua união, decerto turva, embora tangível. O desejo realiza o impossível: as núpcias do Ser com o Nada. Sartre, que chegou a ser apontado como o filósofo do engajamento, afirma que o desejo engaja a consciência no corpo, "embaçando-a", fazendo-a decair. Percebemos que esse engajamento não lhe agrada muito, tem um gosto de barganha, de erro juvenil. Mas aí reside toda a beleza do desejo, e todo o seu turvamento. Nele, só podemos ser por inteiro. Não permanecemos no limiar do desejo: mergulhamos nele, nos arriscamos nele. Nele, a clara consciência se ilude, se turva e se agarra. Afoga-se talvez, ou se dilui, depende; enfim, encarna-se.

O primeiro plano de *O desprezo* nos oferece Brigitte Bardot nua em pelo, no auge da beleza. *A* mulher, a que Vadim criou com *E Deus criou a mulher*, a mulher mais bela do mundo oferecida ao mundo inteiro. Como Paul observa depois, no filme: "Que maravilha é o cinema. Vemos mulheres, elas estão vestidas. Quando fazem cinema, paf! Vemos sua bunda!" Como isso acontece? Que magia faz com que as roupas das mulheres desapareçam? Magia ou perversão do cinema? Nele, nada é inocente. Em *O desprezo*, todos ou quase todos são desprezíveis, excetuando-se o diretor (aliás, Fritz Lang encenando seu próprio papel!): o produtor americano, ao mesmo tempo sedutor e escravagista, comprador de mulheres; o roteirista, ao mesmo tempo garoto de programa e proxeneta, que vende a alma a fim de comprar um apartamento para a mulher; sua mulher, ingênua e puta, mas puta por desilusão, oferecida como repasto pelo marido mercenário. No fundo, ela é menos puta do que ele, ela não é nada puta. Ele, cúmplice do produtor e fechando covardemente os olhos para a barganha sexual à qual se presta, fazendo com que ela a isso se preste. Ele a vende em troca de um contrato como roteirista. Decepcionada, ela se entrega ao produtor. Você não é um homem, dirá ao marido. Eu o desprezo. Contudo, ela, BB, vendeu o rabo ao mesmo tempo ao produtor, ao roteirista e ao diretor (não Fritz Lang, mas Godard). Brigitte

Os objetos do desejo 17

Bardot, como vemos, usa um vestido. Faz cinema, paf! vemos sua bunda. Mas que bunda. E que graça. Sartre vem em defesa da bela: "A facticidade é então vestida e mascarada pela graça: a nudez da carne está inteiramente presente, mas não pode ser vista. De maneira que a suprema vaidade e o supremo desafio da graça estão em exibir o corpo desvelado, sem outra roupa, sem outro véu senão a própria graça. O corpo mais gracioso é o corpo nu, cujos atos o envolvem de uma roupa invisível que rouba inteiramente sua carne, embora a carne esteja toda presente aos olhos dos espectadores." Nada, portanto, está mais vestido que uma mulher nua, desde que seja bonita.

Em *De olhos bem fechados*, Kubrick repete a mirada de *O desprezo* de Godard, mas com Nicole Kidman. Primeiro plano do filme: Nicole Kidman, de costas, de pé no luxuoso banheiro cheio de colunas antigas, deixa cair o vestido e exibe as nádegas ao espectador. Escultural, divina, está emoldurada pelas colunas, as cortinas vermelhas, e tem o chão de mármore como pedestal, exprimindo a universalidade ideal de sua beleza e a linhagem sobrenatural de suas formas. Um corpo de estátua. Afrodite no banho. Objeto de desejo absoluto. O equivalente de Brigitte Bardot. Mas se tivéssemos de proceder ao mesmo inventário feito por Camille, dos pés à cabeça, passando pelas massas de carne menos diferenciadas, em que lugar exatamente se encontraria o desejável? É possível localizar o que torna um corpo desejável? Não seria preciso antes invocar, como diria Vladimir Jankélevitch, um não-sei-quê, um quase nada, um "sortilégio", que estaria ao mesmo tempo em todo lugar e em lugar algum? Ou melhor – ou pior: alguma coisa como o sorriso do gato de *Alice no País das Maravilhas* – um sorriso, mas sem gato. "Puxa, pensou Alice, cansei de ver um gato sem sorriso, mas nunca vi um sorriso sem um gato...! É a coisa mais curiosa que já vi na vida!" Sartre tentou compreender o fenômeno: "Mas há desejo de que objeto? Diríamos que o desejo é desejo de um *corpo*? Em certo sentido, não poderíamos negá-lo. Mas temos de nos entender. Naturalmente, é o corpo que perturba: um braço ou um seio entrevisto, talvez um pé. Mas em primeiro lugar precisamos ver que nunca desejamos o braço ou o seio descoberto a não ser na presença do corpo inteiro como totalidade orgânica. ... E meu desejo não se engana quanto a isso: ele não se dirige a uma soma de elementos fisiológicos, mas a uma forma total, ou melhor: a uma forma *em situação*. A atitude, como veremos adiante, contribui imensamente para provocar o desejo. Ora, com a atitude, os entornos se revelam e, finalmente, revelam o mundo."

Situação, atitude, assim Sartre chama o sorriso do gato. E se a graça pode impedir a visão da nudez, a situação pode impedir a visão da beleza. É o que acontece com a própria Nicole Kidman, sempre escultural, mas numa posição menos gloriosa: vestida, de óculos e sentada no vaso onde acaba de urinar. Seu marido, Tom Cruise, que também se prepara para sair, entra no banheiro. Enquanto se enxuga, ela pergunta como está. Sem olhar para ela, ele responde que ela está maravilhosa. Ela pergunta a mesma coisa em relação a seu penteado. Ele responde sem olhar, ocupado em verificar a gravata-borboleta no espelho. Ela chama a atenção dele para isso. Ele se volta, se dá ao trabalho de avaliar o penteado, beija-a no pescoço e diz: "Está lindo. Você está sempre linda." Os corpos com os quais ele esbarrará mais tarde numa misteriosa cerimônia orgiástica, onde conseguiu penetrar de maneira ilegítima, não serão mais belos que o de sua mulher. Mas serão idealizados

Os objetos do desejo 19

pela *mise-en-scène*, pela teatralização da carne, pela complexidade e o risco da situação. De certa maneira, poderíamos dizer que ele tem a mesma coisa em casa, mas é incapaz de ver. É mais sutil que isso. Nunca é a mesma coisa em casa. Por quê? Maldição doméstica? Nicole Kidman nua no banheiro não é a mesma coisa que Nicole Kidman nua numa cerimônia? Pois muito bem: não, pois não é o corpo, mas o corpo em situação, que desejamos. "Por outro lado, estamos ao mesmo tempo no antípoda do simples prurido fisiológico: o desejo estabelece o mundo e deseja o corpo a partir do mundo, e a mão bela a partir do corpo. ... não desejamos o corpo como puro objeto material: o puro objeto material, na verdade, não está *em situação*." Não é Nicole Kidman no absoluto que é desejável, mas Nicole Kidman em situação. O corpo em si mesmo não passa de puro objeto material. É sua atitude, sua situação, que fará nascer o desejo. "E decerto o Outro desejado deve também ser apreendido em situação; é uma mulher *no mundo*, de pé *perto de uma mesa*, nua *numa cama* ou sentada *ao meu lado* que eu desejo." E Brigitte-Camille Bardot, em *O desprezo*, é muito mais perturbadora e misteriosa quando critica o marido por tê-la deixado muito tempo em companhia do produtor, que dá em cima dela, do que quando está nua, exibida como um puro objeto capaz de se fragmentar, pedaço a pedaço.

O desejo não resulta da soma das partes, por mais belas que sejam, mas da atitude, que é a do todo, e da situação, que supõe um contexto e uma concatenação singular.

Enquanto Camille entedia-se no banho, Paul, na sala, lê em voz alta o texto de um livro de afrescos eróticos que Camille pouco antes folheava: "Fui juiz, sozinho, de um concurso de nádegas entre três beldades, elas é que me haviam escolhido como árbitro e me mostraram a deslumbrante nudez de seus corpos. No caso da primeira, viam-se florir a alvura e a maciez do dorso marcado por covinhas redondas. A segunda abriu as pernas, e sua carne de neve assumiu um tom mais avermelhado que uma rosa púrpura. A terceira, ao contrário, mantinha a imobilidade de um mar sereno, apenas longas ondulações desenhavam-se sobre a pele delicada, agitada por arrepios involuntários."

Três beldades que lembram as três graças. Por outro lado, três atitudes radicalmente diferentes, que põem em situação "a deslumbrante nudez" e a singularizam. Na sala do apartamento mobiliado onde Paul lê, vemos uma estátua de mulher nua. Mas a nudez de uma estátua não seria capaz de despertar o desejo de alguém, pois a situação de uma estátua é sempre a mesma, sua atitude é cinzelada no bronze, sua divina eternidade coloca-a fora do desejo. Já Camille, por sua vez, coberta de espuma no banho, continua infinitamente plástica, e Paul espreita suas mudanças de posição como espreitamos o mar ou o céu antes da tempestade ou da estiagem. Nesse momento, o tempo está fechado. Ela não o ama mais, ele percebe isso:

– Só nos restará fazer uma hipoteca quando o dinheiro acabar.

– Alguma coisa faz você pensar que eu não amo mais você?

– Sim.

– O quê...? O quê?

– Tudo.

– Sim, mas o quê, por exemplo?

– Antes me diga se é verdade.

Os objetos do desejo

– Não... Você é que deve dizer o que primeiro...

– O quê? O que me faz pensar que você não me ama mais é o jeito como está falando comigo desde hoje à tarde... De manhã você não estava assim... Ontem também não. Quando você me olha desse jeito...

Se você não fosse um ser desejante, um ser vivo, mas, por exemplo, um objeto, digamos um sofá vermelho – aquele em que Camille se deita nua em *O desprezo* –, o que seria sua vida? O sofá vermelho, a despeito de sua forma e cor, e de Brigitte Bardot, não deseja os glúteos que recebe. Eis a diferença entre você e o sofá. Talvez você tenha desejado loucamente este ou aquele sofá, você o escolheu, ao passo que o sofá não o desejou nem escolheu. Eis a diferença entre um ser que não deseja, um ser que somente é o que é, e um ser que deseja. Um ser que deseja irá lançar sobre o mundo que o cerca não apenas um olhar, mas um desejo que irá mudar o mundo. O mundo, para um ser desejante, é obrigatoriamente animado, uma vez que não é indiferenciado. E aquele que deseja rompe o mundo, no sentido de que não coincide com ele, mas o anima, suscita, recria. Sartre diz: nadifica-o. A consciência nadifica o mundo. A consciência não existe como um objeto entre outros: por exemplo, um olhar não se reduz aos olhos, e com o desejo se passa a mesma coisa. Desejar é reinventar o mundo, não apenas se identificar com ele, como faria um objeto entre outros, sempre idêntico a si mesmo. Desejar é se descolar ao mesmo tempo do mundo e de si. É fugir do que Sartre chama de Ser para afirmar a liberdade do Nada. Nesse duo sempre em duelo, o Ser encarna a pobreza e o Nada, a riqueza. O herói é o Nada, consciência, desejo, momento de espírito, que escapa ao Ser –

natureza congelada e idêntica a si – para transmutá-lo, abalá-lo e vencê-lo inscrevendo-o num devir. Em *O desprezo*, Paul toma-se pelo Nada e toma Camille pelo Ser. Reduzindo-a, como ele diz, a uma "datilógrafa de 26 anos" e perguntando-se como ele, roteirista brilhante, pôde condescender em esposá-la, ele a confina numa facticidade, faz dela um puro objeto material reduzido à soma de determinadas belas partes do corpo, nádegas mais seios e cabelos, todos belos e admiráveis, mas, enfim, só por sê-los. E mesmo depois, quando compreende que ela o despreza, ele tenta rebaixar a liberdade de Camille, sua qualidade de Nada, sua consciência, à simples facticidade, mas dessa vez a facticidade de uma razão:

> – Eu sinto que você não me ama mais.
> – De que adianta saber a verdade?
> – Está vendo? Você admite que eu estou com a razão.
> – De jeito nenhum, não admito nada, quero que você me deixe em paz... É verdade, eu não amo mais você. Não há nada a explicar, não amo mais.
> – Por quê? Você não me amava ainda ontem?
> – Amava, muito. Agora terminou.
> – Pelo menos há uma razão?
> – Claro, certamente.
> – Que razão é essa?
> – Não sei. Tudo que sei é que eu não amo mais você.

E isso basta. Ela sabe sem saber por quê. Caberia daí deduzir que é tola ou que é livre? Ou, talvez, que o desejo é livre na mesma proporção em que é tolo, no sentido de cego para si. Qual a necessidade de saber por que não se ama mais? Dar uma

Os objetos do desejo 23

razão não seria procurar relegar a liberdade absoluta à simples obediência a esta ou aquela razão? Não seria rebaixar a liberdade do desejo, e sua arbitrariedade singular, à pobre aplicação das regras comuns do entendimento? Até em sua maneira de questioná-la, Paul recusa-se a ver em Camille outra coisa além de um objeto de desejo cujas regras de funcionamento ele ignora, sem nela reconhecer a qualidade de uma consciência, de um sujeito de desejo. Nela, ele só vê o ínfimo nada, a vaidade da mulher-objeto, ao passo que ela manifesta justamente o grande Nada da mulher-consciência. Todo mundo deseja Brigitte Bardot como Camille, mas ninguém compreende por quê. É porque não desejamos um corpo: desejamos a liberdade que ele revela, sua liberdade em situação. Não o corpo, mas a silhueta. Não apenas a silhueta, mas a atitude. A situação, a atitude ou, melhor ainda, como diz tão bem esta palavra feita ao mesmo tempo de corpo e alma, estilo e movimento: a graça!

Eros | A mão

Voltemos à mão. A essa mão que Brigitte Bardot omite no autoinventário de suas partes mais bonitas. Sartre, num primeiro momento, criticava a mão por não ser carne o suficiente: "A mão que acaricia permanece sutil, bastante próxima de uma ferramenta aperfeiçoada. Mas o desabrochar das carnes uma contra a outra e uma pela outra é a verdadeira finalidade do desejo." A mão, porque é mais apta e polivalente, porque é uma ferramenta superior, ofusca sua própria carne por trás de sua função. A ferramenta faz esquecer a coisa. A mão está sempre presa a um projeto, jamais coincide consigo mesma, acha-se sempre, podemos dizer, em situação. E é isso, paradoxalmente, que vai reinseri-la no cerne do mundo do desejo. Porque é aperfeiçoada, a mão é suscetível de graça: "Na graça, o corpo é o instrumento que manifesta a liberdade. O ato gracioso, por revelar o corpo como instrumento de precisão, fornece-lhe a cada instante sua justificativa para existir: a mão *é* para pegar e manifesta em primeiro lugar seu ser-para-pegar. Como é apreendida a partir de uma situação que exige a preensão, ela se mostra, por sua vez, *autoexigida* em seu ser, ela é *invocada*. Porque manifesta sua liberdade por meio da imprevisibilidade de seu gesto, ela está na origem de seu ser: parece que se produz sozinha diante do apelo justificador da situação." Porque nunca se reduz à carne, a mão encarna melhor a liberdade. Num curta-metragem intitulado *A mão*, que integra o filme coletivo *Eros*, Wong Kar-Wai nos faz partilhar as emoções de um aprendiz de alfaiate enviado pelo patrão para tomar as medidas de uma rica cortesã, a srta. Hua, representada por Gong Li. Ele chega um pouco adiantado, vendo-se obrigado a esperar na antecâmara da beldade, enquanto esta satisfaz um cliente com gemidos mais que sugestivos. O cliente vai embora, é a vez do rapaz apresentar-se à sublime hetaira. Ela nota sua perturbação, que ele esconde canhestramente segurando um embrulho em frente à calça.

— O que há com você?

— Nada.

— Não se mexa. Tire as mãos.

(*Ele obedece.*)

— O que é isso?

— Nada.

Os objetos do desejo 25

– Arrie as calças. Vamos.

(*O rapaz continua petrificado. Ela insiste:*)

– Prefere que eu chame seu patrão? Obedeça.

(*Ele abaixa as calças.*)

– Tire a cueca.

(*Ele obedece.*)

– Chama isso de nada? Aproxime-se. Dê cá sua mão.

(*Ele estende a mão. Ela a pega e examina. Faz uma carícia. Puxa-a para si. Coloca-a em seu peito.*)

– São macias. É a primeira vez que toca numa mulher? Um alfaiate deve tocar em muitas mulheres. Se tremer assim, quem vai querê-lo como alfaiate?

(*Ela enfia a mão entre as pernas dele e começa a acariciá-lo. Ele se abandona.*)

– Sou boazinha com você, não acha? Isso é bom... Escute: seu patrão está envelhecendo. Ele diz que você é muito talentoso. Um dia, você será meu alfaiate. Lembre-se dessa sensação, e fará vestidos magníficos para mim...

Eis uma mão inesquecível, sem dúvida alguma. Um instrumento tão aperfeiçoado que permite à prostituta fazer seu trabalho sem comprometer sua carne, ou quase isso. A perturbação está por inteiro do lado do rapaz, que por sua vez é incapaz de se distanciar minimamente do ato que o paralisa. Ele é pego por aquela mão, pego e possuído. Sartre: "O desejo é um ato de enfeitiçamento. Uma vez que não posso apreender o Outro senão em sua facticidade objetiva, trata-se de prender com visco sua liberdade nessa facticidade: cumpre fazer com que ela produza 'liga', como dizemos sobre um creme, de maneira que o Para-si do Outro aflore à superfície de seu corpo, que se estenda por todo seu corpo e que, tocando esse corpo, eu toque finalmente a livre subjetividade do outro. É este o verdadeiro sentido da palavra *possessão.*" Metáfora interessante. O que Sartre chama de Para-si é a consciência, que ele também chama de Nada, por oposição ao Em-si, o corpo. A mão põe-se a serviço do desejo, que tem como objetivo alcançar o Para-si através do Em-si: uma mão só pode agarrar o corpo, mas se ela agarrar bem, se o creme ou a maionese derem liga, a alma irá "enviscar-se" no corpo. De fato é uma pesca bem estranha: na superfície do corpo, qual na superfície de uma água misteriosa, atrair a alma para tocá-la. Tocar o outro em todos os sentidos do termo: tocar seu corpo para tocar sua alma. Esta é a arte da grande pescadora srta. Hua: sua mão é capaz de atrair a alma do Outro à superfície de seu corpo e nele prendê-la. "É indubitável que quero *possuir* o corpo do Outro; mas quero possuí-lo na medida em que ele mesmo é um 'possuído', isto é, na medida em que a consciência do Outro identificou-se com ele. É este o ideal impossível do desejo: possuir a transcendência do outro como pura transcendência e, não obstante, como *corpo*" (Sartre). O paradoxo é que, de certa maneira, essa pescadora tão habilidosa sempre larga sua presa, pois não quer que o alfaiate se apegue a ela amorosamente, e sim que lhe faça belos vestidos. Quer prendê-lo sem ter de prender-se a ele. Quer ser desejada sem desejar. Sua captura só a interessa pela metade – digamos: interessa-a, mas não a apaixona. Ela faz com que o rapaz mergulhe no mundo do desejo, enquanto ela própria mantém-se à margem, bem à margem, espreitando a presa, sem jamais desistir dela. Para a profissional do desejo, até uma mão de alfaiate, isto é, uma ferramenta tão aperfeiçoada que parece abolir e transcender sua carne, "essa mão é *em primeiro*

Os objetos do desejo 27

lugar uma extensão de carne e osso que pode ser agarrada" (Sartre). O aprendiz de alfaiate, por sua vez, arruinou-se para sempre. Está possuído de maneira trágica, sem a perspectiva de possuir reciprocamente. Porém, ao entrar no mundo do desejo, sua vida afinal ganhou sentido e movimento. Ele chegou caminhando, vai embora correndo.

Entre o alfaiate e sua dama começa uma relação de amor cortês. Ele faz vestidos para ela, tira suas medidas, ao passo que ela exerce sua profissão e fisga clientes ao telefone. Ele se encontra ao mesmo tempo no âmago e tão distante quanto possível de sua intimidade. Porém, como nos dizem Deleuze e Guattari em *Mil platôs*, "seria um erro interpretar o amor cortês como uma espécie de lei da falta ou de ideal de transcendência. A renúncia ao prazer externo, ou seu retardamento, seu afastamento ao infinito, atesta, ao contrário, um estado de conquista no qual o desejo não sente falta de mais nada, em que ele basta a si mesmo e constrói seu campo de imanência." O alfaiate-cavaleiro estaria feliz em seu lugar de pretendente sem esperança mas cheio de desejo. Tirar as medidas, por exemplo, passa a ser uma experiência erótica intensa. Pelo menos para quem as tira. "A menor carícia pode ser tão forte quanto um orgasmo; o orgasmo não passa de um fato na verdade fastidioso quando comparado ao desejo que busca seu direito. Tudo é permitido: só conta o prazer de ser o fluxo do próprio desejo ... . Se o desejo não tem o prazer como norma, não é em nome de uma falta que seria impossível reparar, mas, ao contrário, em razão de sua positividade, isto é, do plano de consistência que ele traça ao longo de seu processo."

Nesse mundo do desejo, nenhum objeto é mais redutível à sua função. O vestido que foi usado pela mulher desejada deixa de ser um mero tecido, passando a ser parte do relicário da amada, entrando assim num mundo especial, no qual o próprio tecido se metamorfoseia em "objeto" de desejo. O alfaiate enfia a mão, depois o braço inteiro (numa câmera lenta estonteante), no vestido estendido à sua frente, oferecido à sua exploração, ao mesmo tempo vazio da mulher desejada e repleto do desejo dessa mulher: "Um contato é *carícia*, ou seja, minha percepção não é utilização do objeto e superação do presente tendo em vista um fim; mas perceber um objeto, na atitude desejante, é me acariciar nele" (Sartre, *O ser e o nada*). Jean-Luc Godard confessa: "Amo os objetos. Na minha sala de montagem, há um anúncio de máquinas: *Sejam gentis conosco, não somos seres humanos.*"

Ao longo dos anos, o alfaiate e a cortesã formam uma espécie de casal, a ponto de, num momento de solidão e dúvida, a inacessível srta. Hua deixar-se tentar um breve instante por essa perspectiva. Por que não amar aquele que a ama tão evidentemente e com tanto respeito? Ela permite que ele tire suas medidas com as mãos, pois ele conhece tão bem os detalhes de seu corpo que não precisa mais de fita métrica. Ela se deixa abraçar, abandona-se por um minuto à doce reciprocidade. Mas logo se recobra e lhe pede um novo vestido para tentar seduzir um rico americano, sua última esperança. Para aquela que não deseja verdadeiramente, toda carícia acaba limitando-se a um simples contato. Entre aquele que ama e aquela que não ama abre-se uma distância infinita, por mais próximos que estejam.

Alguns meses ou anos depois – como saber? –, a prostituta arrogante e esplendorosa feneceu. Doente, pobre, recebe a visita de seu alfaiate-servo. Ela o desaconselha a se aproximar,

Os objetos do desejo 29

declarando-se contagiosa, com uma doença indefinida, de sintomas fatais, uma doença de mulheres fatais.

– Você se lembra da minha mão?

– Lembro.

– Você deve ter me detestado aquele dia.

– Não. Agradeço-lhe. Sem sua mão, eu não teria me tornado alfaiate.

– Você precisa me esquecer. Encontre outra mulher. Aproxime-se. Você sempre foi generoso e nunca lhe agradeci. Agora não posso mais fazê-lo. Perdi tudo que tinha. Antes eu tinha meu corpo, mas ele já não serve para nada. Só me restam as mãos. Você me permite?

Ele faz que não com a cabeça, mas ela estende a mão até sua braguilha. Ele se abandona, com seu desejo, por assim dizer, relutante, tão perto do gozo quanto das lágrimas. Ele tenta beijá-la, ela protege seus lábios com a outra mão, para não contaminá-lo. Sua mão é tudo que lhe resta do corpo, mas está tomada por esse corpo, pela nostalgia de seu corpo, e essa mão, por uma vez que seja, parece invadida por sua alma.

THX 1138 | A carícia

Do contato à carícia, a distância é intersideral, ou infinita. E, ao mesmo tempo, está ao alcance da mão. George Lucas, em seu primeiro filme, *THX 1138*, nos faz mergulhar num universo futurista de vigilância generalizada, onde os contatos humanos deixaram de existir, ou são sempre mediatizados, ou pelo menos um terço deles controlados. O filme é de 1971. Para dar uma ideia do grau de singularidade permitido nesse mundo opressor, THX 1138 não designa um procedimento técnico, mas o herói do filme. THX 1138 é seu nome: não um nome verdadeiramente próprio, apenas um número associado a letras, puro signo abstrato. Quando você está na fossa, quem vem em seu socorro? O armário do banheiro, que filma você assim que é aberto e envia as imagens para um centro de vigilância, o qual lhe oferece uma receita condizente com seu problema. Pílulas para todos os seus desejos.

Mas que desejo ainda é possível num mundo assim formatado e controlado? Ainda podemos falar de mundo? Quando um mundo passa a ser um mero agrupamento de puros objetos materiais, isso é ao mesmo tempo o fim do mundo e do desejo. Ou digamos que nele o desejo é capturado no que Deleuze chama de um círculo, o das três maldições: "As três maldições são: Sentirás falta sempre que desejares. Não esperarás senão descargas. Buscarás o gozo impossível. Então o desejo é completamente enredado, capturado num círculo."

A propósito, THX 1138, nosso herói, encarnado por Robert Duvall, gira em círculos. Não sabe por que, mas a coisa não anda bem. Na fábrica, por pouco não causou um acidente grave, para não dizer nuclear. De volta para casa, posta-se diante da parede que serve de tela de TV e zapeia. Para numa dançarina negra e nua, e, conectado a uma válvula de prazer acoplada à TV, deixa-se masturbar pela máquina até gozar, o que lhe permite passar a outra coisa e mudar de canal. Ouve-se logo depois uma espécie de slogan publicitário ou mantra de autossugestão: "Nunca ficamos tão satisfeitos, nunca…" Muda então para um programa violento, no qual um homem no chão é espancando

Os objetos do desejo 31

metodicamente por um policial robô. A descarga de violência toma o lugar da descarga sexual, numa espécie de continuidade ou de equivalência glacial. No fundo é o mesmo espetáculo repetitivo, fundado na ideia de um prazer-descarga incentivado a se recarregar, e logo necessitando de nova descarga. Televisão e máquina de masturbar formam a dupla encarregada desse tipo de satisfação cíclica. Enquanto o homem acha-se mergulhado no espetáculo da pancadaria, sua mulher, ou melhor, a mulher que divide o apartamento com ele, entra e muda de canal:

– Você devia comer.
– O que houve, por que mudou?
– Já viu bastante.
– Sabe que não ando me sentindo bem.
– Basta tomar seus comprimidos.

Mas os comprimidos não podem fazer mais nada por ele, e ele sabe disso. Volta-se então para a medicina da alma e procura o apoio de um padre, ou de algo que se pareça com isso, alguma coisa entre o padre e o psicanalista, numa espécie de confessionário misto de cabine telefônica e *peep show*. Uma voz robotizada recita:

– Você é um bom crente, bênção do Estado, bênção das massas, é um súdito do divino, criado à imagem do homem, pelas massas, para as massas. Sejamos gratos pelo comércio, compre mais, compre mais *agora*, compre e seja feliz.

THX vomita convulsivamente. Fracasso da medicina automatizada, das pílulas ou dos slogans vazios. Quando chega em casa, sua mulher pondera, como sempre, uma solução medicamentosa, abre a farmácia interativa, depois hesita. A farmácia pergunta:

– O que há? O que há? (*Disco arranhado.*)
– Deixe para lá.

Desistindo dos comprimidos, ela se aproxima do homem, seu homem, e o toca. Acaricia sua pele, seu rosto. Como após um sono pesado, sem o socorro da sedação, no começo ele parece desorientado, depois se entrega e responde à carícia. Redescobrem ao mesmo tempo o contato e o carinho. E seus rostos. E seus corpos. E o amor. Feliz com a redescoberta, ela termina por confidenciar:

– Eu estava com tanto medo. Estava tão sozinha.
(*Um oboé substitui os bip bip habituais. Ela confessa:*)
– Tive tantas vezes vontade de tocar você.
– Eu era feliz, por que você veio se intrometer?

Feliz, ele? Sim, de uma felicidade desesperada, mas segura. Na felicidade do prazer-descarga e do desejo-frustração, isto é, no ideal fantasístico da felicidade, o homem era prisioneiro do círculo das três maldições, mas sua prisão era confortável: ele girava nela como um hamster em sua roda. Nenhuma inquietude. Quantas descargas e satisfação insatisfatória. Quantos prazeres sem desejo. Hoje os objetos nada podem fazer por ele. E, embora sedado, masturbado e saciado até a morte, capturado no círculo das três maldições do desejo ("Sentirás falta sempre que desejares. Não esperarás senão descargas. Buscarás

Os objetos do desejo 33

o gozo impossível."), ele está morrendo. O único objeto dentre os que o cercam que pode lhe proporcionar alguma coisa da ordem do despertar – ao mesmo tempo privando-o, aparentemente, da felicidade, uma vez que o coloca em perigo – é um sujeito. Um outro. Uma mulher. Sua mulher. Que o acaricia e que de fato espera que ele queira beijá-la. Para ele, é o momento do despertar, a hora da guinada. Sartre: "A carícia não é um simples roçar: ela é *modelagem*. Acariciando um outro, faço nascer, sob meus dedos, sua carne, pela carícia. A carícia é o conjunto das cerimônias que o outro *encarna*."

Por que o outro precisaria ser encarnado? Ele já não existe plenamente por si mesmo, não tem uma existência independente da minha? Já não existe perfeitamente como carne? Sim e não, justamente. "Por carne", esclarece Sartre, "não entendemos uma parte do corpo, como derme, tecido conjuntivo, ou com maior rigor, epiderme; tampouco se trata, de forma obrigatória, do corpo 'em repouso' ou adormecido, embora não raro seja assim que ele revela melhor sua carne. Mas a carícia revela a carne despindo o corpo de sua ação, separando-o das possibilidades que o cercam: ela é feita para descobrir, sob o ato, a trama de inércia – isto é, o puro 'ser-aí' – que o sustenta."

A carne é o corpo despido de ação. É o corpo menos a situação. Eis o paradoxo: só desejo um corpo se ele estiver em situação, mas o que desejo é separá-lo de sua situação para conduzi-lo ao puro si mesmo, àquilo que ele é aí. Quero conduzir o corpo à sua carne. Sartre: "O desejo é uma tentativa de despir o corpo de seus movimentos como se estes fossem roupas, e fazê-lo existir como pura carne." A carícia, embora tenha como objetivo aparente fazer bem ao outro, ao mesmo tempo tem por finalidade confiná-lo em seu corpo, reduzi-lo aos limites do corpo, encerrá-lo em sua carne. Encarná-lo é fazê-lo voltar à carne, como falamos de uma unha encravada. Haveria uma espécie de agressão dissimulada na carícia, uma vontade de reduzir o outro, reduzir sua liberdade infinita ao seu corpo, que por definição é finito. Porém, e aí reside todo o paradoxo, não quero na verdade encerrar o outro ou reduzi-lo, quero que ele seja inteiro em sua carne, quero que ele se engaste nela, que habite seu corpo. Que esteja presente nela. Quero tocar sua alma tocando seu corpo. Sartre não emprega a palavra "alma", sempre teve medo de passar por poeta, dizendo mais técnica ou prosaicamente "Para-si", mas é a mesma coisa. Há delicadeza na vontade de encarnar o outro. Sartre emprega o termo "cerimônias": a carícia é uma prece, um clamor, mais que uma exigência. Cyrano de Bergerac, por sua vez, quando pergunta "Afinal, o que é um beijo?", não receia passar por poeta:

É um segredo que passa da boca ao ouvido,
Um instante de infinito gerado pelo zum-zum da abelha,
Uma comunhão com gosto de flor,
Uma maneira de respirar um pouco o coração,
E de provar, com a ponta dos lábios, a alma!

Nos lábios, esperamos a alma. Sartre volta à carga: "Eis porque os gestos amorosos têm um langor que quase poderíamos chamar de estudado: não se trata tanto de *capturar* uma parte do corpo do outro, mas de *dirigir* seu próprio corpo contra o corpo do outro. Não tanto de pressionar ou tocar, no sentido ativo, mas de *pousar contra*. Parece que carrego meu próprio braço como um objeto inanimado e que o pouso contra o flanco da mulher desejada; que os dedos que *eu passeio* sobre

Os objetos do desejo 35

seu braço estão inertes na ponta da minha mão." Parece, mas, na carícia, nada é menos inerte que meu corpo. A beleza da carícia é a possibilidade de troca. Não é alguém que acaricia um objeto, mas alguém que acaricia outro alguém. A carícia não é simples confinamento do outro, uma vez que pode ser recíproca, inclusive deve sê-lo, sem o que ela volta a ser simples contato. Quando você acaricia uma mão, a mão que você acaricia pode acariciá-lo de volta. Não acariciamos uma superfície, não acariciamos um corpo, acariciamos alguém. E se esse "alguém" não se limita a se deixar acariciar passivamente, mas entra no jogo da reciprocidade, então fazemos nascer alguma coisa juntos, na relação real. Fazemos nascer o outro, e o outro nos faz nascer. Podemos falar, para plagiar este belo achado de Maurice Merleau-Ponty, de "conascimento". "Co": junto. Nascemos juntos pela carícia. De certa forma, não sabemos mais quem acaricia quem.

Em outras palavras, essa alguma coisa que fazemos nascer juntos é um objeto muito especial chamado relação. Uma relação é um objeto que não tocamos, mas um objeto que constatamos ao tocar o outro. Assim como o poeta Paul Reverdy escreve "Não existe amor, existem apenas provas de amor", poderíamos dizer: não existe desejo, existem apenas provas de desejo, que permitem a alguém oferecer-se como objeto e tomar o desejo do outro como objeto. THX 1138 torna-se um homem quando sua mulher o segura pela mão, ou melhor, estende-lhe a mão. Só então ele se livra dos objetos que o cercam sem jamais satisfazê-lo. Duas criaturas podem se alcançar através da carne sem reduzir o outro a carne, ainda que isso passe, necessária e felizmente, por ela. O comovente, na superfície e no fundo, é esta contradição: a carícia ao mesmo tempo encerra o outro em sua carne e me encerra na minha carne; porém, ao nos reduzir à mera carne, ela nos encarna. Ela encarna esse "nós" e nos permite tocá-lo com o dedo. Na carícia, THX 1138 finalmente lida com alguém: um aquecimento mais humano que climático. Não o simples contato de um objeto, mas a carícia de uma liberdade. Nessa sociedade de vigilância, em que tudo repousa sobre a separação dos corpos e o controle das relações, a esperança volta, ao mesmo tempo que o desejo e o risco. Pois o que desejo através do corpo do outro é sempre seu desejo. O desejo, antes de tudo, é desejo de desejo. Senão, não é nada. Carícia, futuro do homem.

Cinema Paradiso | O desejo que permanece desejo

Pode-se entender o desejo de desejo também como o desejo que tem desejo por si mesmo, como diria Paul Éluard: "o duro desejo de durar". De durar como desejo. Pois o desejo gostaria ao mesmo tempo de saciar-se e perseverar como desejo. "O poema", escreve René Char, "é o amor realizado do desejo que permanece desejo." Trata-se de satisfazer o desejo sem fazê-lo morrer, de perenizá-lo sem congelá-lo, de extrair dele a vida sem dela privá-lo. Este é o projeto de Godard, expresso em *Pierrot le fou (O demônio das onze horas)*: "Achei uma ideia para um romance. Não descrever a vida das pessoas, mas apenas a vida. A vida pura e simples. O que há entre as pessoas: o espaço, o som e as cores. É preciso fazer isso. Joyce tentou, mas acho que se pode fazer melhor." Eis a aposta e o desejo do artista: dar forma de objeto ao desejo, encarná-lo, realizá-lo, incutir movimento ao objeto, mas preservando-lhe a qualidade de

Os objetos do desejo   37

possível. Poderíamos também dizer que esse objetivo é contraditório, seria o mesmo que realizar o impossível. Pois é exatamente isso, e é o que consegue exprimir René Char: um artista digno desse nome procura dar forma a uma contradição e consegue exprimi-la com precisão – realizar o desejo, mas um desejo que permanece desejo. Segundo Jean Douchet, este é o objeto que o cinema de Buñuel persegue: o desejo de desejo. O filme existe, é um objeto real, realizado, terminado, e, no entanto, alguma coisa nele continua em aberto, em movimento, cheia de futuro. Ao mesmo tempo que realiza o desejo, ele o preserva intacto. Como diria Deleuze, ele não o desvirtua em prazer, em descarga vulgar – essa satisfação tão insatisfatória –, ele não troca a riqueza do desejo pela pobreza do prazer, mas encarna o prazer de desejar, independentemente do resultado do desejo. O verdadeiro objeto do desejo, para o cineasta, é o próprio desejo. Não simplesmente a ideia do desejo, mas o desejo em seu movimento. Para falar como Deleuze, poderíamos dizer o desejo-movimento, mas no fundo é uma única e mesma coisa.

No cinema, o desejo sempre se traduz por movimentos. Que acarretam outros. Na sala do Cinema Paradiso, que exibe *E Deus criou a mulher*, nas primeiras fileiras, um bando de guris masturba-se em silêncio no escuro, diante de Brigitte Bardot nua. Acariciar com os olhos não lhes basta. "Se o close é o buraco da fechadura pelo qual surpreendemos o detalhe significativo, o travelling é a mão que procura, com nervosismo, o corpo da mulher, da cabeça aos pés" (Ado Kyrou, *Amor, erotismo e cinema*). E as mãos dos garotos procuram nervosamente seus próprios travellings... Um adulto os repreende: "A gente só olha, não toca!" Frase formidável, interdito espantoso, uma vez que não vemos realmente como seria possível tocar Brigitte Bardot. Talvez o homem, ao encarnar um moralismo sem surpresa, defenda, sem saber, o imperativo deleuziano: não convém desvirtuar o desejo em simples prazer. O desejo deve permanecer desejo. Contudo, no fundo da sala, os adultos fazem o mesmo: atrás de uma cortina, uma prostituta os consola do desejo impossível por Brigitte Bardot. O corpo nu de BB os transtorna, excita, induz ao movimento e à inquietude do desejo, a puta os libera e reconduz ao plano fixo de suas existências. Não obstante, eles também obedecem ao imperativo "A gente só olha, não toca", pois no momento em que são tocados, eles não olham mais, ou olham para outro ponto, para outra coisa. Provavelmente fecham os olhos. O cinema, aqui, está na encruzilhada de dois devires nele inscritos: um devir pornográfico, orientado para o prazer, com um fim masturbatório, que reduz o corpo nu a um objeto comum de desejo, instrumento de catarse coletiva anônima; e um devir propriamente poético, *à la* René Char, no qual o desejo permanece desejo. *Cinema Paradiso* coloca face a face essas duas possibilidades do cinema, essas duas concepções do desejo.

A primeira, pornográfica, herdada da Igreja, baseia-se na ideia de um desejo condenado a se esgotar em descargas de prazer, que devemos prevenir por meio de uma atividade de censura. Em *Mil platôs*, Deleuze e Guattari escrevem: "Sempre que o desejo é traído, amaldiçoado, arrancado de seu campo de imanência, há um padre metido na história. O padre lançou a tripla maldição sobre o desejo: a da lei negativa, a da lei extrínseca, a do ideal transcendente." A lei negativa é a lei da falta. A regra extrínseca, a do prazer. E o ideal transcendente, a fantasia inacessível. Os autores esmiúçam cada termo da maldição

Os objetos do desejo 39

sob a forma de uma historieta ou um roteiro, o de um filme de terror no qual o desejo é amaldiçoado pelo padre: "Voltado para o norte, o padre diz: Desejo é falta (como não sentir falta do que se deseja?). O padre operava o primeiro sacrifício, chamado castração, e todos os homens e mulheres do norte vinham alinhar-se a ele, gritando ritmadamente 'Falta, falta, é a lei comum'. Em seguida, voltado para o sul, o padre relacionou o desejo ao prazer. Pois há padres hedonistas e até mesmo orgásticos. O desejo irá consolar-se no prazer; não apenas o prazer obtido calará por um momento o desejo, mas obtê-lo já é uma maneira de interrompê-lo, descarregá-lo imediatamente e se descarregar dele. Prazer-descarga: o padre opera o segundo sacrifício, chamado masturbação. Em seguida, voltado para o leste, exclama: O gozo é impossível, mas o impossível gozo está inscrito no desejo. Pois este é o Ideal, em sua própria impossibilidade, a 'falta-de-gozo' que é a vida. O padre operava o terceiro sacrifício, fantasia ou mil e uma noites, cento e vinte dias, enquanto os homens do leste cantavam: 'Sim, seremos sua fantasia, seu ideal e sua impossibilidade, os seus e os nossos também.'"

Esse texto merece amplos desdobramentos, e a ele voltaremos adiante. A ideia de um padre hedonista conclamando ao orgasmo é particularmente espantosa. No início do filme de Tornatore, o pároco, don Adelfio, toma o cuidado de ver todos os filmes antes que entrem em cartaz, e, equipado com um sino, badala-o para avisar o projecionista Alfredo (Philippe Noiret) sobre as cenas a serem cortadas. Estamos na Sicília, nos anos 1940: o pároco é o Superego oficial da comunidade, e o bem-nomeado Cinema Paradiso, sala paroquial, embora prometa o paraíso, faz isso contra um fundo de ameaça de inferno.

Alfredo obedece, marca as cenas – em geral langorosos beijos de cinema ou belos corpos despidos – e então pega a tesoura. O padre, como diz o texto, desempenha seu papel tradicional, encarnando o polo norte da castração. Na versão da Igreja, o desejo é associado ao interdito, que reduz sempre o desejo ao prazer. Contudo, alguns anos mais tarde, após o incêndio acidental do cinema e sua reconstrução por um investidor privado, embora o pároco tenha perdido o magistério e não censure mais os filmes, a ideia prevalecente do desejo continua a mesma: o prazer ali repousa sempre sobre o interdito. Às avessas, porém: dessa vez estamos voltados para o polo sul, e a masturbação tomou o lugar da castração. Censura e descarga são duas faces da mesma moeda. Aliás, antes de fechar, a sala de cinema resistirá durante alguns anos, especializando-se em filmes eróticos. O problema então passará a ser o de libertar o desejo da excitação artificial produzida pelo interdito e pela censura, a fim de fazê-lo alcançar sua verdadeira dimensão poética. E será Alfredo, o projecionista, quem irá operar esse milagre, com a cumplicidade do pequeno Toto, menino que entra escondido para assistir às sessões privadas do pároco castrador e roubar os fotogramas censurados. Alfredo começa por expulsá-lo, depois acaba aceitando-o e afeiçoando-se a ele. Quarenta anos mais tarde, Toto, cujo verdadeiro nome é Salvatore (vivido por Jacques Perrin), tornou-se cineasta, mora em Roma, rico, reconhecido, explicitamente blasé, triste apesar ou por causa de seu opulento sucesso. Não voltou a pisar na Sicília nos últimos trinta anos, a conselho do bondoso Alfredo. Um telefonema de sua mãe participa-lhe a morte de Alfredo. O filho pródigo volta à cidadezinha para o enterro de seu amigo e mentor. Este deixou-lhe de herança um rolo de filme, uma

Os objetos do desejo 41

lata que Salvatore só abrirá na volta a Roma. Sozinho na sala de projeção, ele descobre o presente do projecionista herói de sua infância: uma montagem de todas as cenas de beijo censuradas pelo pároco. Salvatore se emociona até as lágrimas. Acaba de recuperar o que perdera: o desejo. O desejo de cinema e o desejo que é o cinema. Alfredo devolveu-lhe a coisa mais rara que existe: "o amor realizado do desejo que permaneceu desejo", a satisfação de permitir ao desejo permanecer ele mesmo. Se o sucesso deixa Salvatore tão deprimido, é porque mascara um fracasso mais profundo. Afinal, dependendo da maneira como um desejo triunfa, ele pode se condenar. O Cinema Paradiso, a princípio paroquial e censurado, depois comercial e aparentemente liberado, por fim definitivamente erótico ou pornô, termina por fechar, sendo depois derrubado para dar lugar a um estacionamento. A história da sala metaforiza o devir do cinema: estacionamento ou multiplex, dá no mesmo, há uma maneira de o cinema sobreviver que equivale a morrer. Opera-se, contudo, uma nostalgia típica do cinema, que talvez seja sua vida mais secreta: Salvatore, por trás das lágrimas de emoção, afinal redescobriu o sorriso. O sorriso daquele que novamente possui um futuro. Agora está claro que sua vida de cineasta tem tudo para começar de verdade.

O filme *Cinema Paradiso*, ao mostrar a morte do cinema, restaura seu infinito poder. Ou podemos dizer: ao mostrar a morte da versão negativa pornô-católica do cinema (em que o cinema é reduzido à falta, ao prazer-descarga e à fantasia impossível), ele encarna ao mesmo tempo a versão poética e positiva do cinema que permanece desejo. No momento em que tudo parece morto e perdido, ele se salva e salva o mundo, ressuscitando o desejo.

2. O desejo de reconhecimento

"Não basta ser durona, baby."

FRANKIE DUNN, *Menina de ouro*

Bom trabalho e *Touro indomável* | O olhar que mata

O desejo é uma raiva. O homem, diz Hegel, é um animal raivoso. E de quem ele tem raiva? De si mesmo. E de quê? De aparecer sob a forma de um corpo, sob a forma de um animal feito de carne, quando se sabe espírito. A princípio, o espírito é o único a se saber espírito, e essa indignação faz com ele quique de raiva.

Quando o homem será capaz de se descolar da natureza? Não basta transformar a natureza, negá-la, modificá-la, consumi-la. Se eu como uma maçã, pode-se dizer que, de certa maneira, viro maçã. Marx dizia que o homem era o fruto de seus frutos, o produto de seus produtos, isto é, o resultado de seu trabalho, da mesma forma que sou fruto dos meus desejos. Enquanto o desejo do homem incide sobre objetos naturais, ele permanece numa relação positiva, animal, com a natureza. Animal raivoso, mas sempre animal. A equação é simples: se o desejo é função de seu objeto, o desejo do homem deve incidir sobre algo diferente de um objeto. Em outras palavras, sobre alguma coisa que não existe. E "existe" um único desejo desse

O desejo de reconhecimento 43

tipo na natureza: o próprio desejo! Logo, o único desejo verdadeiramente humano é o desejo de desejo.

Mas o que entender por desejo de desejo? Podemos compreender se for a ambição da reciprocidade amorosa. Mas, no caso, não se trata de amor. Não primordialmente. Ainda não. O amor é uma invenção tardia na história humana. Voltaremos a isso. O desejo primordial incide sobre outra coisa, mais originária. Tão originária que pode passar despercebida. É como a camada arcaica que subjaz a todas as nossas relações, sem que precisemos ter consciência disso. E esse segredo das relações humanas desvela-se numa expressão: desejo de reconhecimento. O desejo de reconhecimento é desejar ser reconhecido como desejo, isto é, como alguma coisa não natural. Desejo de desejo significa querer provar que não existimos positivamente como um objeto natural, mas negativamente como espírito. Logo, o desejo de reconhecimento não poderia tomar uma maçã como objeto. É-lhe necessário um homem. Para permanecer ou se tornar humano, é preciso pelo menos dois desejos, duas consciências, duas pessoas.

Bom trabalho, de Claire Denis, leva-nos a Djibuti, África. Num cenário de escura pedra vulcânica contra um fundo de mar azul, dois homens de torso nu, em uniformes de *rangers*, se confrontam, imóveis, a poucos metros de distância. Logo começa um estranho balé, um duelo sem armas: sem desprender os olhos um do outro, giram no sentido dos ponteiros do relógio, enquanto se aproximam. Agora se encaram a poucos centímetros. Não estão sozinhos. Outros soldados com o mesmo tipo de traje observam o confronto. A tensão vai ao máximo. No entanto, nenhum gesto hostil, nenhuma fala ou arma. Puro duelo de olhares. O exercício parece fácil, sem perigo, e não obstante nada mais difícil e formador para os soldados da Legião Estrangeira. Não baixar os olhos, superar o medo animal. Mas medo de quê? O que lemos exatamente no olhar do outro? Por que é tão difícil sustentar o olhar de outro homem? Diz-se que os olhos são as janelas da alma, as amarras que nos prendem ao invisível. Pois bem, nos olhos do outro, o invisível manifesta-se explicitamente como uma ameaça de morte. Se os dois olhos são janelas abertas para o absoluto, a promessa inscrita no absoluto não passa de uma luta mortal, ou de uma luta que Hegel prefere chamar de luta pelo reconhecimento.

Ao não baixar os olhos, um tenta provar ao outro que não sente medo. Que é um homem, isto é, um espírito. E tem medo, e isso é o interessante. A coragem não é ausência de medo, e sim medo negado. O medo é sua matéria-prima. Sem medo não existe coragem. O medo nos reconduz ao animal. Quando sentimos medo, somos animais. Superar o medo então é provar que somos um espírito capaz de abstrair da realidade natural. Dado que a primeira realidade natural é o medo, apenas o homem capaz de arriscar a vida provará que é não animal, isto é, humano. O que lemos nos olhos de um homem? Parafraseando Sartre, "desejar e acariciar com o olhar são a mesma coisa"; para Hegel, "desejar ser reconhecido e matar com o olhar são a mesma coisa".

Touro indomável, filme de Martin Scorsese realizado a partir das recordações do "Touro do Bronx", Jack la Motta, interpretado por Robert De Niro, nos faz mergulhar num universo em que

O desejo de reconhecimento 45

matar com o olhar não é uma simples imagem: o boxe. Décimo-terceiro round. Jack la Motta, vulgo "Touro Indomável", é dominado e maltratado por Sugar Ray Robinson. Após uma série de socos extremamente violentos, o "Touro", embora completamente grogue, recusa-se a ir à lona e agarra-se às cordas, onde seu adversário vai literalmente massacrá-lo.

O olhar de La Motta-De Niro nesse ponto preciso do combate merece uma atenção especial. Do ponto de vista esportivo, a derrota é certa. La Motta não pode mais ganhar. Está derrotado, cambaleante, seu corpo deixou de responder. Mas, ainda assim, recusa-se a desistir. O corpo abandonou-o, mas ele não o abandonará. É o olhar de um homem reduzido a seu olhar. Um puro olhar que parece dizer: sou aquele que resta quando não resta mais nada. Nos olhos de La Motta, mesmo vencido, subsiste o desafio. Sobretudo vencido. Jamais vencido, no fundo. O desejo de reconhecimento não deriva da relatividade do resultado esportivo, mas do absoluto do espírito. O invencível absoluto não se curva jamais. Antes morrer.

O último soco que seu adversário lhe desfere é filmado por Scorsese à maneira de Hitchcock em *Psicose*, quando o assassino apunhala sua vítima no chuveiro. Não é mais esporte, é execução. Consentida pela vítima. O juiz interrompe o combate antes do resultado inevitável, declarando o nocaute técnico. La Motta, mal se aguentando nas pernas, acaba de desafiar o vencedor em seu corner, repetindo-lhe: "Nunca fui à lona!" Orgulho do colérico, que jamais obedecerá ao instinto de conservação animal, disposto a tudo para afirmar sua humanidade e desejoso de torná-la reconhecida. A cara está deformada pelos golpes, sangra, irreconhecível, inumana, mas o homem está de pé. Absurdo. Patético. Soberbo.

Poderíamos argumentar que os animais também lutam e se desafiam, mas fazem isso sempre por razões naturais – fêmea, território, comida –, por alguma coisa que não coloca em questão o primado da sobrevivência. Eis por que os enfrentamentos animais raramente resultam em morte: os animais terminam sempre por se curvar, curvam-se à lei natural. O "Touro Indomável", por sua vez, está disposto a ir além. Até o fim da natureza, para afirmar sua natureza sobrenatural, antinatural ou contranatural. Esses dois pugilistas que parecem lutar como cães, esses dois homens justamente não lutam como cães. E eis por que La Motta, mesmo quando derrotado do ponto de vista esportivo, continua a lutar do ponto de vista humano, com uma fúria jamais desmentida.

Essa fúria não se volta contra ninguém. É uma fúria lógica, que nada tem de pessoal. Não é seu adversário que La Motta detesta. Ele detesta o mundo inteiro, a criação, a natureza. No fundo, o desejo humano é a raiva contra a natureza, inclusive é uma raiva antinatural. Raiva contra o que é (a natureza) em nome do espírito (o que deveria ser). É uma raiva moral, uma raiva de espírito. O espírito é uma raiva. Eis por que ele não poderia dizer o que exatamente ele detesta. Mas quando se vê na prisão por um episódio relativamente insignificante, é a si mesmo que pune: soca a parede até ferir as mãos, xinga-se, bate a cabeça. Sua estupidez deixa-o consternado, ele se odeia, ao mesmo tempo que clama sua bondade fundamental. Não é mau, sabe disso, então, por que está confinado como um animal perigoso? Como provar que não é um animal, eis o problema de "Touro Indomável". Touro furioso, tomado pela fúria de ser homem.

O desejo de reconhecimento

Fogo contra fogo | A luta mortal das consciências

Como provar que não se é um animal? É muito simples, responde Hegel: arriscando sua vida por nada. "Apenas uma vida arriscada é uma vida instituída", dizia Jean Hyppolite, um dos grandes comentadores de Hegel. Arriscada, tudo bem, mas por que por nada? É o grande paradoxo humano. Por que o homem assume riscos inúteis? É porque eles lhe são úteis, mas de uma outra forma: para provar, justamente, que não é tomado pelo útil. Que é livre em relação ao que dita a prudência natural. Que não obedece como um animal ao imperativo biológico da sobrevivência. Quem nunca colocou a vida em jogo não pode se dizer verdadeiramente humano.

Esta, evidentemente, é uma proposição perturbadora em nossas sociedades, a princípio preocupadas com conforto e segurança. Vejam *Juventude transviada*, de Nicholas Ray, quando Jim (James Dean) brinca de "galinha-morta" com seus melhores inimigos, ao mesmo tempo colegas e rivais. Dois carros investem rumo ao vazio, o primeiro que pular do carro em movimento, com medo de morrer, será uma "galinha-morta". Uma galinha: um animal, e não dos mais nobres! E ainda por cima "morta": morta de medo. Seu adversário encontra a morte nessa brincadeira aparentemente absurda. Jim sobreviveu. Então, ele ao mesmo tempo ganhou, já que foi o único sobrevivente, e perdeu, pois não foi até o fim. Mas seu adversário, por sua vez, também não ganhou, uma vez que sua morte é acidental: ele não superou o medo, somente ficou preso dentro do carro quando intencionava sair dele antes do rival. Do ponto de vista dos adultos, dos pais, esse jogo não tem sentido. Nele, ao contrário, Hegel veria em ação o desejo de reconhecimento característico do ser humano. Mas não basta arriscar a vida. É preciso uma testemunha, ou melhor, um parceiro. Pois arriscar a vida enfrentando a natureza ainda é natural. Os animais fazem isso todos os dias. É preciso então um adversário. Um inimigo, digno desse nome: alguém que queira exatamente a mesma coisa que eu, disposto a colocar a vida em jogo para ser reconhecido como humano. Hegel fala de um antagonismo originário: quando duas consciências se encontram, uma quer a morte da outra, e vice-versa. Não por ódio, não por uma questão de sentimento. Trata-se de uma questão de lógica. Dois absolutos não podem coexistir, embora um necessite do outro para ser reconhecido. Daí a luta mortal.

O cinema, que é a arte mais apta a tornar sensível a energia do conflito humano, é rico em confrontos desse tipo. Nele, os piores inimigos formam sempre um par estranhamente fraterno. Em *Fogo contra fogo*, de Michael Mann, Vincent Hanna (Al Pacino), um supertira, e Neil McCauley (Robert De Niro), um superbandido, encontram-se num bar e dialogam como velhos amigos. O diálogo promete uma luta mortal, mas, longe de revelar qualquer ódio, manifesta, ao contrário e ao mesmo tempo, lógica, racionalidade, empatia, preocupação com o outro e reconhecimento do semelhante. O confronto dos dois não vem daquilo que os opõe, mas do que os aproxima: como ambos são absolutos e absolutamente humanos, eles não podem desistir, devem ir até o fim. Sua contradição lógica terá de ser resolvida no terreno real. Antes de lutar até a morte, eles conversam tranquilamente:

– Não vou voltar para a cadeia.

– Então desista de uma vez por todas.

O desejo de reconhecimento

– Faço o que sei fazer, planejo golpes. Você faz o que sabe fazer, tenta prender caras como eu.

– É isso aí, você sempre fez tudo para não levar uma vida normal.

– O que é uma vida normal? Um churrasco, um jogo de futebol?

– Exatamente.

– Exatamente, uma vida normal, como a sua.

– A minha? Não, a minha é realmente o caos. ... Meu terceiro casamento é pesado feito chumbo. Minha vida virou isso porque passo o tempo todo perseguindo caras como você por todo o país.

– Comigo, um dos meus chapas me disse: você não deve se ligar, principalmente às coisas das quais não pode se livrar em exatos trinta segundos quando vir os tiras chegarem no pedaço. Se você tem que fugir de mim constantemente, se você tem que se mexer quando eu mexo o meu mindinho, como espera salvar seu casamento?

– Tudo bem, ponto para você. Quem é você, um monge?

– Tenho uma mulher.

– E o que diz para ela?

– Que sou representante comercial.

– Então, se eu tiver que dar uma batida na sua área, você vai se livrar dessa mulher sem se despedir?

– É a regra do jogo, é isso aí.

– É, mas é um círculo vicioso.

– Mas eu não tenho escolha. Ou é isso, ou é melhor mudar de profissão, meu velho. Não sei fazer outra coisa.

– Nem eu.

– E acho que não o invejo.

– Nem eu.

Em seus olhares, quase um fulgor de afeição, como uma promessa de amizade, porque admitem que são iguais. O que constitui a dignidade dos adversários e o reconhecimento que eles se concedem é que nenhum dos dois irá ceder. Eis por que reconhecem no outro um absoluto, com o qual no fundo são incompatíveis, porque da mesma natureza. Não existe nada mais íntimo que esses inimigos: são iguais contraditórios. Um é o avesso do outro. Mesma vida temerária, mesma vida familiar inexistente ou condenada por antecipação. Mesma exigência de absoluto. Porque são semelhantes e feitos para se entender, estão fadados a lutar até a morte. Um e outro só podem triunfar. O absoluto não tolera meias-medidas. É sempre uma questão de vida ou morte.

– Apesar de termos nos encontrado cara a cara, se eu estiver por lá e tiver que neutralizá-lo, vou fazer isso, ainda que a contragosto.

– Mas existe o outro lado da moeda, como sempre. Porque, admitamos que eu me veja encurralado e tenha que matá-lo; aconteça o que acontecer, jamais permitirei que você se meta no meu caminho.

No fim, reencontramos os dois, o tira persegue o bandido à noite, até as pistas do aeroporto. Brincadeira de esconde-esconde que só pode acabar mal. Atenção extrema, olhares afiados como sabres, um avião aterrissa e a luz ofuscante dos faróis revela a sombra do bandido se movendo, o tira é mais rápido, vira-se e atira sem sequer piscar. Uma primeira bala, depois outra, no peito, que deixam o adversário definitivamente fora de combate. Neil, o bandido, jaz agonizante, impotente, não consegue mais segurar a arma e sabe que está perdido. Vincent, o policial, aproxima-se dele sem medo. Neil prossegue a conversa como se acabassem de se despedir:

O *desejo de reconhecimento*

– Eu não disse que não ia mais para a cadeia?!

Antes a morte que a prisão. Ele cumpriu sua promessa. Vincent reconhece a determinação do adversário, que lhe estende a mão. Ele a pega e a segura, como seguramos a mão de um amigo moribundo. Curiosa amizade. Primeiro lutam mortalmente, depois dão-se as mãos. É que o desejo de reconhecimento nada tem a ver com amor ou com ódio. É uma contradição lógica que só pode se resolver com o confronto real, mas que não envolve sentimentos hostis. Ao contrário: sem o outro, impossível eu ser reconhecido. Paradoxo da situação: devo lutar com a única criatura capaz de me compreender. Devo matar a única criatura capaz de dar sentido à minha vida. É mais que um paradoxo, é uma contradição. Se preciso do outro para me reconhecer como absoluto, não posso matá-lo. Portanto, é apenas pela breve duração da agonia do bandido que policial e criminoso podem afinal gozar do reconhecimento que apenas o outro pode lhe proporcionar. Dois absolutos reconciliados durante o tempo de uma agonia. Dali a pouco, o superbandido não será mais que uma lenda. E o supertira ficará de novo supersolitário. Homens absolutos, solidão absoluta. Como dizia Hubert Grenier, Hegel não é uma filosofia do amor, mas do orgulho. No fim da história não há um abraço, mas pode haver um aperto de mão.

Cruzada | O desejo de absoluto

Cruzada, de Ridley Scott, leva-nos a uma campanha religiosa do século XII. Renaud de Châtillon e Guy de Lusignan, à frente de uma tropa de templários, descumprindo o juramento do rei cristão Balduíno IV, atacaram uma caravana sarracena aos gritos de "Deus assim quer!", com o objetivo de provocar uma guerra com o temível Saladino. Este, na liderança de um numeroso exército, quer fazer justiça, mas esbarra com o rei cristão em seu caminho, por sua vez no comando de outro numeroso exército. Saladino destaca-se de suas tropas e vai a cavalo até o rei inimigo, que faz o mesmo. Saladino, de traje preto, simples, folgado e prático; Balduíno IV em sua pesada armadura, o rosto coberto por uma máscara de prata ornamentada, escondendo as feridas da lepra. Saladino dirige-se a ele com firmeza e polidez:

– Peço que faça a gentileza de se retirar a fim de que eu castigue meu inimigo.

– E eu lhe peço que retorne sem danos a Damasco. Renaud de Châtillon será castigado, juro. Se não se retirar, pereceremos todos aqui.

(*Os dois homens se encaram, a cavalo, ambos à frente de seus imensos exércitos. Silêncio decisivo, no qual se joga com a sorte de milhares de homens. Balduíno, visivelmente esgotado pela doença, interroga Saladino:*)

– Aceita minhas condições?

– Sim, aceito.

(*Balduíno vacila um pouco. Saladino, sensível à fragilidade de seu adversário, reconhece os progressos da doença, maldissimulados pela máscara e promete:*)

– Enviarei meus médicos.

– *As-salam haleikum.*

– *Haleikum salam.*

O desejo de reconhecimento 53

Os dois reis visivelmente se respeitam, embora comecem por se jurar de morte se não chegarem a um acordo. A reivindicação de Saladino não admite solução intermediária: ele pede justiça. O direito é um absoluto, não transige. Ao reconhecer a legitimidade do pedido de Saladino, Balduíno não cede à força, mas reconhece o direito. Portanto, não se trata nem de uma derrota nem de um meio-termo, mas do reconhecimento de um absoluto por outro absoluto. Uma vez resolvida e superada a questão absoluta, a solicitude puramente humana pode de novo se manifestar. Saladino promete enviar seus médicos para cuidar do adversário doente. Os indivíduos se querem bem, mas os reis encaram o absoluto e, nesse aspecto, não podem transigir. Se aqui a luta mortal não é necessária, é unicamente pela sabedoria dos reis, capazes de impor o absoluto do direito que eles representam contra os interesses particulares. Guy de Lusignan e Renaud de Châtillon disfarçavam seus apetites animais por trás da pretensa necessidade de uma guerra religiosa. Para eles, o absoluto não passava de um pretexto, ao passo que é a preocupação essencial de Saladino e Balduíno. É precisamente porque o desejo de reconhecimento não repousa no ódio que um acordo é possível entre eles; mas como o reconhecimento nada tem a ver com a simples amizade, em *Cruzada*, a possibilidade da luta mortal está sempre inscrita nele. O absoluto obriga. Mas não necessariamente ao pior.

Temos outro exemplo mais adiante no filme, após a morte do rei leproso e a derrota de seu sucessor Guy de Lusignan face aos exércitos de Saladino. A batalha agora é travada às portas de Jerusalém, onde Baliano (Orlando Bloom), que lidera a luta do lado cristão, conseguiu organizar uma resistência encarniçada. Apesar da superioridade numérica dos soldados sarracenos, as baixas são numerosas dos dois lados. Baliano aceita encontrar Saladino para negociar. Saladino, em sua esplêndida armadura dourada, avança até o pálio carregado por quatro soldados para protegê-lo. Dirige-se a Baliano, cujo rosto está enegrecido pelo combate:

– Entregará a cidade?

– Prefiro incendiá-la a entregá-la. Seus lugares santos, os nossos e tudo o que Jerusalém possui levaram os homens à demência. (*Saladino avalia o adversário em silêncio. Baliano não é um rei, mas fala com sabedoria. Atrás deles, seus respectivos exércitos.*)

– Acho que seria o melhor a fazer. Pretende destruí-la?

– Sem hesitar. E cada cavaleiro cristão que seus soldados matarem arrastará dez sarracenos com ele. Seu exército será aniquilado e nunca mais você erguerá outro. Sua derrota é certa se entrar em Jerusalém, juro perante Deus.

(*Após essa violenta declaração de Baliano, Saladino observa com frieza:*)

– A cidade está cheia de mulheres e crianças. Meu exército pode morrer, mas a cidade morrerá, sem dúvida alguma.

(*Baliano acusa o golpe. Continua a jogar com firmeza, mas percebe a deixa de Saladino:*)

– O que tem a oferecer? Não peço nada.

– Darei a todos um salvo-conduto em terra cristã. A todos, mulheres, crianças, velhos, todos os seus cavaleiros, todos os seus soldados, e sua rainha. Ninguém sofrerá, Alá é testemunha.

– Os cristãos massacraram todos os mulçumanos após a queda da cidade.

O desejo de reconhecimento | 55

– Saiba que não sou desses homens. Sou Saladino. Salah Ad-Din.

(*Os dois homens se medem. Saladino sorri. Baliano balança a cabeça:*)

– Nessas condições, aceito entregar Jerusalém.

– *As-salam haleikum.*

– A paz esteja contigo...

(*Saladino gira sobre os calcanhares e se afasta. Baliano faz menção de fazer o mesmo, mas não resiste a uma última curiosidade e pergunta a Saladino:*)

– O que Jerusalém significa para você?

Saladino volta-se e deixa escapar:

– Nada!

(*Baliano sorri, meio desiludido, meio divertido. Saladino se afasta, volta-se novamente e completa, apertando os punhos:*)

– E tudo!

Impossível exprimir melhor o enigma do desejo de reconhecimento. Por que os homens lutam? Por nada. Pelo direito, que é uma invenção antinatural, e que promete substituir o relativo das desigualdades naturais pelo absoluto de uma igualdade abstrata. Por Deus, que só dá sentido às nossas vidas sob a condição de não existir, de não ser coisa entre as coisas. Pela honra, que não é nem órgão, nem doença, pela honra que não é nada e que pode facilmente custar a vida. Mas os animais nunca lutam por nada, apenas o homem é capaz disso: logo, esse nada é tudo. É a única prova que ele pode dar de sua natureza espiritual. Um nada, que é tudo: não existe melhor definição do absoluto. E se o homem deseja nada menos que o absoluto, deve estar disposto a arriscar a vida por isso. Deve estar disposto a perder tudo, caso queira ganhar tudo. Eis o coração ardente e gelado do desejo de reconhecimento.

Menina de ouro | A mulher é um homem como outro qualquer?

Quando Hegel fala do desejo de reconhecimento, do desejo de ser reconhecido como homem, não toma o homem no sentido de viril, como vimos, mas de humano. Entretanto, não há como negar, o reconhecimento se dá sempre num universo e num modo masculinos. *Menina de ouro*, de Clint Eastwood, apresenta-nos Maggie Fitzgerald (Hilary Swank), jovem mulher de trinta e um anos que deseja ser uma grande pugilista. "O boxe é uma história de respeito. De se fazer respeitar à custa do outro." Por enquanto ela não é nada, ou não muita coisa: uma autodidata que sonha encontrar um treinador digno desse nome. Joga suas fichas no famoso Frankie Dunn (Clint Eastwood), a quem aborda resolutamente, no corredor dos vestiários:

– Sr. Dunn!

– Eu te devo dinheiro?

– Não, senhor.

– Conheço sua mãe?

– Quanto a isso, não sei dizer, não faço ideia.

– Então o que você quer?

– Abri a noite, também venci por nocaute. Maggie Fitzgerald.

– E então, Maggie Fitzgerald, do que se trata?

– Viu a luta?

– Não.

– Eu me saí bem, queria lhe pedir para ser meu treinador.

– Não treino garotas.

O *desejo de reconhecimento*   57

– Talvez devesse. Os que me viram lutar disseram que eu sou durona.

– Não basta ser durona, baby.

Maggie tem um duplo problema de reconhecimento: em primeiro lugar, como atleta, ser reconhecida provando que é capaz de lutar. Em segundo – e principalmente –, como mulher, pois Frankie não aceita garotas: boxe é um assunto de homens. Antes de ter o direito de boxear com as adversárias, ela terá que derrubar alguns preconceitos.

Por que os homens teriam o privilégio da luta pelo reconhecimento? A mulher não é um homem como outro qualquer? É que, para Hegel, as mulheres são animais. Atenção: adoráveis e delicados, mas incapazes de colocar a vida em jogo pelo reconhecimento. Não é falta de coragem, é questão de natureza. As mulheres, por natureza, estão do lado da vida, elas a protegem, criam, conservam. Não podem arriscá-la por nada, e isso é mais forte que elas. De certa forma uma garota bem-sucedida é sempre um garoto que não deu certo.

Logo, para alívio de Hegel, de certa maneira a mulher está à frente do homem, uma vez que o objetivo, no fim da história, é viver em paz num Estado que protege o que Hegel chama de vida burguesa, que corresponde aos valores da vida animal: instinto de sobrevivência, defesa dos interesses particulares, aglutinação em torno da família... No fim, o objetivo para o homem é gozar da existência como animal, mas um animal bastante peculiar, uma vez reconhecido como humano; e, caso prefiram, a mulher só fez precedê-lo nesse caminho. Portanto, Hegel animaliza a mulher apenas para melhor feminilizar o homem, isto é, humanizá-lo. Por outro lado, o lugar de uma mulher, do ponto de vista de Hegel – como do ponto de vista de Frankie –, não é a arena cruel da luta pelo reconhecimento.

(Frankie começa por dizer a Maggie várias verdades. Todas elas difíceis de ouvir:)

– Acho que posso ser sincero com você, você parece uma boa garota. Posso lhe dar um conselho?

– Na verdade, é tudo que eu quero.

– Você vai encontrar um empresário, isso é certo, aqui ou em outra academia. Em todo canto há luta de mulheres, é uma babaquice, mas é o que causa furor nos dias de hoje. Só que você está perdendo tempo, porque é muito velha. Não sei se você percebe.

– Ainda me sinto bem jovem.

– Sim, como eu. Mas não vai me ver lutar com garotões de vinte anos. São necessários cerca de quatro anos para formar um pugilista. Quantos anos você tem?

– Ehh... Trinta e um, até o meu aniversário.

– Trinta e um anos, era o que eu pensava. Pois bem, você começaria a aprender balé clássico aos trinta e um anos?

– Claro. Mas eu comecei três anos atrás.

– E sabe usar uma pera? Quem era o seu treinador?

– Eu não tive, chefe.

– Sinto muito, mas isso está na cara. É pouco agradável de ouvir, mas é a verdade. Desculpe, mas alguém precisava lhe dizer isso!

Em suas *Propostas sobre a educação* Alain dizia que era preciso distinguir o amor que se recebia da família do tipo de sentimento que um professor e seu aluno podem sentir um pelo outro. Falava a seus alunos: "Não amo vocês." O que ele queria dizer é que o tipo de reconhecimento propiciado por

O desejo de reconhecimento 59

um professor nada tem a ver com o tipo de reconhecimento que se pode esperar na esfera familiar. Por quê? Porque os pais amam seus filhos. Ou não. Mas o laço natural nada significa comparado ao reconhecimento social, ou melhor, significa outra coisa. Se os seus pais admiram tudo que você faz, de certa maneira eles são indiferentes à qualidade real do que você faz. Se o elogiam, independentemente do que você faça, o elogio não tem valor algum. Ou, se tem um valor afetivo, não tem nenhum valor social. Inversamente, se criticam tudo que você faz, a crítica tampouco tem algum valor, e eis por que a ausência de sentimento na escola é a condição de possibilidade de um aprendizado real, dessa seriedade de que fala Hegel, que consiste em imitar um modelo não porque o amamos, mas porque ele propõe uma relação com um objeto a ser conquistado pelo trabalho. O trabalho que é julgado, não a pessoa. Ou digamos que a pessoa é julgada, mas exclusivamente em função de seu trabalho. Portanto, Maggie não poderia esperar complacência alguma por parte de Frankie. E vice-versa. O professor tem o difícil dever de ser duro. Pois a escola é apenas um ambiente intermediário entre o conforto da família – conforto que pode ser negativo, uma vez que o ódio familiar também é algo infalível, e é confortável, nesse sentido – e o escrutínio social. É na sociedade que encontramos a resistência do real, e entre os dois há a escola, que é como uma peneira permitindo escapar do regaço natural da família para aos poucos aprender a obedecer à lei indiferente, e portanto justa, do exterior. Se o professor é duro, ele o é porque, fora da escola, o mundo é ainda mais duro. O professor é apenas duro. O mundo não tem piedade. Embora já afeiçoado à perseverante Maggie, Frankie – e isso a princípio é desagradável para ele – deve desencorajá-la duplamente: não apenas porque é uma garota, mas sobretudo porque já passou da idade. O paradoxo é que, ao exprimir as deficiências de Maggie, Frankie ao mesmo tempo revela que pesou seriamente as chances da moça e, portanto, descartou o argumento do sexo. Resta apenas o da idade. Ele ainda não sabe disso, mas, de certa maneira, acaba de aceitar treiná-la.

Por que Maggie é tão determinada? Por que tem tanta fome de reconhecimento? Scrap (Morgan Freeman), ex-pugilista e amigo de Frankie, responsável tanto pela administração diária da academia de boxe quanto pela voz em off do filme, nos esclarece: "Ela vinha do sudoeste do Missouri, um pequeno lugarejo do condado de Orzak, não longe de Theodosia, perdido entre cedros e carvalhos, em meio a lugar nenhum. Tinha crescido com uma única certeza: ela não valia nada."

De Theodosia, Maggie vai para Los Angeles, ou seja, percorre quase três mil quilômetros, e ganha a vida como garçonete. Para economizar e pagar as aulas de boxe na academia de Frankie, cata os restos dos pratos dos fregueses. A seu chefe, que surpreende seu gesto desprezível, ela justifica: "É para o meu cachorro."

Restos de comida, vida de cão, mas iluminada por um projeto. Maggie talvez viva como um cão, mas sonha como um homem. Quando todos os rapazes deixam a sala de treinamento, ela continua a trabalhar, sob o olhar benevolente de Scrap, que a autoriza a ficar além do horário. Sem dúvida porque reconheceu nela o fogo sagrado do desejo de reconhecimento. "Se existe magia no boxe, é a magia do combate travado além de seus próprios limites, além das vértebras quebradas, da coluna destroncada, das retinas descoladas. A magia que faz com que se corram todos os riscos por um sonho que somos os únicos a conhecer."

O desejo de reconhecimento 61

Como diz Auguste Comte, deve-se aprender a resolver o dentro (os desejos) pautado pelo fora (a realidade). Mas seria preciso desistir de um sonho "que somos os únicos a conhecer"? O sonho, que só existe "dentro", sonha justamente em se realizar "fora". A magia de um sonho desses é que ele é quase palpável. A determinação e a força do desejo de Maggie terminam por prevalecer sobre as reticências de Frankie, que aceita treiná-la. Nada está ganho, mas a primeira fase, a do bom professor, foi vencida.

Como reconhecer um professor? Ele não quer você, não precisa de você. Antístenes expulsava Diógenes a cajadadas, mas Diógenes replicava: "Pode me bater quanto quiser, isso não me impedirá de pensar que é você o mais sábio." Antístenes desistiu de espancá-lo e terminou aceitando-o como discípulo. A cajadada servia de prova para testar a determinação do aluno, a intensidade e a sinceridade de seu desejo. *Menina de ouro* nos oferece um modelo educativo iniciático à moda antiga. Maggie conseguiu a primeira vitória obtendo de Frankie que a treinasse, mas agora é um longo e doloroso processo que tem início sob a direção desse professor: para estar à altura de sua ambição, ela deve mudar de natureza, tornar-se outra.

– O que lhe peço não é para bater duro, é para acertar no alvo. Então olhe para mim e pode contar junto comigo, se quiser, se isso ajudar. No momento em que eu disser "um", você bate na pera.

– Pode fazer de novo?

– Limite-se a dizer "Um", por favor.

Educar uma criança é fazê-la sair de si e de sua casa. *Ex-ducere*: conduzir para fora de. A educação consiste em conduzir uma criança para fora de sua família a fim de torná-la independente e autônoma, capaz de se curvar diante das leis que preexistem a ela, a lei do exterior, a lei do real. No começo de uma vida, a escola é apenas um maternal, isto é, protege a criança, sendo a lei da mãe que prevalece. Depois, à medida que crescemos, que passamos de ano, é a lei paterna, isto é, a lei do exterior, que entra progressivamente na escola. Até o momento em que é preciso deixar a escola para enfrentar o mundo.

Pois o verdadeiro reconhecimento virá da sociedade, e não da escola. No treinamento, os golpes são medidos, e o saco em que você bate não pode reagir. O treinador não está ali para intimidá-lo, mas para libertá-lo aos poucos, para fazê-lo mudar de natureza. O adversário, por seu turno, não estará ali para lhe ensinar o que quer que seja, mas para lutar com você. Então é com ele que você mais aprenderá: não apenas aquilo de que você já se sabia capaz, mas a prova do real, aquilo de que você não se sabia capaz. Sim, o reconhecimento supõe uma luta. A única maneira de obter esse reconhecimento é que ele venha do exterior, de pessoas que você não conhece e que não lhe querem bem. Hegel: "A liberdade de espírito não é a independência que existe fora de seu contrário, mas a independência que conquistamos triunfando sobre o contrário, não fugindo do contrário, mas lutando com ele e subjugando-o." Eis a independência concreta e real.

Em artes marciais, diz-se que o único professor verdadeiro é o seu inimigo, pois ele vai lhe opor uma resistência impiedosa, sem misericórdia. Maggie, após as primeiras lutas, vencidas com facilidade, topa com uma adversária digna desse nome. Massacrada, ela confessa a Frankie, ao se encaminhar para o corner:

O desejo de reconhecimento 63

– Nunca vou conseguir derrubar ela.

– Sabe por quê?

– Por quê?

– Ela é mais forte, boxeia melhor que você, concorda? Ela é mais jovem, mais forte e mais experiente. Então, o que pretende fazer?

Ele lhe devolve o protetor de dentes. É o primeiro combate no qual ela enfrenta alguém mais forte que ela, e é este ponto que marca a passagem da escola para a sociedade, da formação, pelo professor, para a possibilidade de um reconhecimento verdadeiro. Na verdade, não teria ela esperado sempre esse momento de tudo ou nada, essa hora da verdade? É o momento de provar, superando o medo, arriscando a pele, que ela é um homem digno desse nome. Homem ou mulher? Uma mulher que não dispõe de outro meio para ser reconhecida a não ser a luta, como se ela fosse um homem. Chamada nos brios, ela se bate e vence por nocaute após uma série de socos extraordinários. Entusiasmada, a multidão berra o seu apelido: *"Mo Cuishle!"*

A aclamação encarna o reconhecimento social do risco que ela corre ao lutar. Por que *"Mo Cuishle"*, e não simplesmente "Maggie" ou "Fitzgerald"? A própria Maggie não faz ideia. *"Mo Cuishle"* é o apelido que Frankie, amante da poesia gaélica, mandou bordar no suntuoso roupão de combate em seda verde que deu de presente a ela. Atribuiu-lhe um apelido sem lhe revelar o significado. Após a vitória, no vestiário, ela mexe com Frankie, brincando com seu ciúme:

– Bastava eu perguntar a um irlandês.

– Fique à vontade. Quando souber, me diga.

"Em todo caso, a alcunha pegou. Sempre que ela lutava, em Edimburgo, Paris, Bruxelas ou Amsterdã, as pessoas soltavam o grito 'Mo Cuishle', como se houvesse irlandeses em toda parte. Na volta da Europa, Maggie passou ao ringue dos grandes."

Lutando, ela fez um nome, como se diz. Um nome que não era o seu: não o nome que recebeu ao nascer, mas o que conquistou na luta. Um nome digno desse nome não é meramente um nome de família. Fazer um nome é justamente ter seu nome fora do círculo familiar, nas multidões, nos jornais. Não o casulo, mas o "ringue dos grandes". Impressiona que o reconhecimento público, por maior que seja, em nada possa modificar o reconhecimento familiar – ou, aqui, sua ausência. Maggie, orgulhosa de seu sucesso, pede a Frankie que o acompanhe numa visita à mãe para entregar a ela as chaves da casa dos sonhos com que acaba de presenteá-la com o dinheiro que ganhou nas lutas. A mãe recebe o presente com aspereza:

– Por que não me deu todo esse dinheiro? Precisava comprar um palácio?

– Não, é verdade, não precisava. Mas agora é sua. Quer dinheiro? Venda.

– Sei muito bem que não fez por mal, querida. Mas há ocasiões em que você não pensa muito no que faz.

– É verdade, mamãe.

– Vou tentar conservar a casa. Só me preocupam as despesas, só isso.

– Mandarei mais dinheiro.

(A mãe ri, examinando o halo roxo no olho da filha. Relanceia Frankie, que, cortesmente retraído, espera Maggie do lado de fora.)

O desejo de reconhecimento 65

– É esse cara que espanca você?

– Tive uma luta ontem.

– Aaaaah!

– Sou pugilista, mãe.

– O que você está esperando para arranjar um homem como todo mundo? Não sei se está sabendo, mas as pessoas riem quando eu conto o que você faz. Sinto muito, mas é verdade, as pessoas estão se lixando para você.

Ri cruelmente, assim como a segunda filha, irmã mais moça de Maggie, evidentemente mãe solteira, um bebê nos braços, felicíssima por ecoar a mãe naquele elogio servil da domesticidade. Frankie, sem ter trocado uma palavra com a família de Maggie, vai embora com sua campeã, profundamente melancólico. Ali onde as maiores campeãs fracassaram, a mãe a nocauteou em um round e com poucas palavras. Embora o halo roxo no olho de Maggie seja a prova de sua coragem, a marca do combate que ela trava com sucesso pelo reconhecimento, a mãe a devolve miseravelmente ao seu mundo de mulheres do lar, de filhas-mães, de esposas abandonadas e mulheres espancadas. Maggie, que sonhava em fazer a mãe sentir orgulho por ela, é obrigada a desistir dessa vã esperança. Se o reconhecimento familiar é impossível, só resta a luta social.

E então as coisas sérias podem começar. Pelo título de campeã mundial, ela enfrenta a terrível Billie, graciosamente alcunhada de "Ursa Azul". Maggie domina, está prestes a vencer quando toca o gongo. Ela se dirige ao corner. Frankie já instalou o banquinho onde ela vai se recuperar durante o intervalo, quando a Ursa Azul trapaceia e lhe desfere um soco no rosto. Maggie cai pesadamente, sua cabeça bate direto no banquinho.

Ela perde os sentidos. Acorda no hospital, entubada, paralisada: tetraplégica. Começam as coisas sérias.

Alguns dias mais tarde... Frankie, que, como um pai, acompanha Maggie no hospital, deu uma saída para comprar algo para beber. Ao voltar, descobre a família de Maggie à sua cabeceira: a mãe, obesa e desleixada, penteado de poodle sob um boné vermelho, camiseta dos XXL Universal Studios com a efígie do Picapau; o irmão, pilantra tatuado mascando chiclete, cabelos compridos e sujos sob um chapéu de caubói; a irmã, oxigenada, de uma vulgaridade agressiva, também de boné e camiseta com as cores da Flórida, a comitiva acompanhada por um homem da lei gordo metido num terno barato. Eles a visitam depois de terem dado uma paradinha num dos parques de diversões do caminho, daí o espalhafato. Um tanto constrangida, a mãe de Maggie explica seu pedido à filha paralítica:

– É...

– É uma formalidade administrativa.

– O que é?

(*Frankie cumprimenta a trupe:*)

– Tudo bem por aqui?

(*Ninguém lhe responde. A mãe continua:*)

– Desculpe, querida, mas não temos muito tempo. O sr. Johnson viajou, isso custa caro. Ele está nos cobrando caro para que tudo seja feito dentro das regras.

(*Frankie intervém para expulsá-los, educadamente:*)

– Vocês deveriam deixar os documentos com ela, lerei tudo isso mais tarde.

(*O irmão banca o durão:*)

– Ei, velho, você é da família? Então caia fora.

O desejo de reconhecimento

– Leia para mim, mamãe, por favor.

– É um troço jurídico, para defender seu dinheiro.

– Não precisa, mamãe. A Federação paga as despesas de hospitalização, ela se encarregará de tudo.

– É, mas, e se não pagarem, a gente nunca sabe, o sr. Johnson disse que eles poderiam confiscar minha casa.

(O tal Johnson explica em tom profissional:)

– Se a senhorita doar todos os seus bens à sua mãe, ninguém mais poderá tocar neles.

(O irmão confirma:)

– Nem os médicos nem a funerária, ninguém.

(Frankie, indignado:)

– Olhem, escutem, deixem tudo isso aí que eu leio para ela.

(Maggie põe Frankie no seu devido lugar:)

– Sr. Dunn, desculpe, mas isso não lhe diz respeito.

– Está bem, vou esperar no corredor.

– Seja boazinha querida, assine, assim posso ajudar a família toda. Se o seu pai ainda estivesse vivo, diria a mesma coisa. Como pode fazer para assinar? Sua mão está boa?

(A mãe estende uma caneta para Maggie, que não consegue usar as mãos. A irmã, cheia de amor, encontra uma solução:)

– Ora, basta ela prender entre os dentes, mamãe.

– O quê?

– Basta prender na boca.

(A mãe encosta a caneta na boca de Maggie.)

– Segure, querida.

(Maggie cospe a caneta:)

– Viu a luta, mamãe?

– Já disse a você o que eu penso disso tudo.

– Foi a melhor.

– É, só que você perdeu. Não foi culpa sua, pelo que me disseram. De toda forma, perdeu. Tenho certeza de que também não gostaria de perder tudo que sobrou!

Família atroz, caricata talvez, mas a cena diz algo de essencial: o reconhecimento que essa jovem procurava não podia vir de sua família. Buscar reconhecimento por meio do combate, ainda que a deixasse naquele estado, era a melhor solução. Ela não se arrepende de nada. "Fazer e, fazendo, fazer-se." Essa fórmula de Jules Lequier, celebrizada por Sartre, é a moral da história da existência humana: agir, combater e tornar-se o resultado de sua ação. Fazer, não simplesmente ser. Quando não há mais nada a fazer, recaímos no ser. Regressão natural, queda vertiginosa. Depois dos píncaros do mundo, o abismo da família. Maggie, mais dependente que um bebê ou que um ancião, volta-se para o treinador, que, justamente por não ser da família, a substitui, e com vantagem. Só ele pode compreender do que ela está falando:

– Tenho um favor a lhe pedir.

– Claro. O que você quiser.

– Lembra o que o meu pai fez com o cachorro?

(*O pai de Maggie sacrificara seu cachorro doente.*)

– Esqueça isso imediatamente.

– Não posso ficar assim. Ainda mais depois de tudo. Aprendi muita coisa. O público que aplaudia, gritando meu nome. Esse apelido estranho que você me deu e que me acompanha aonde quer que eu vá. Eles bradavam meu nome em coro. Tive meu nome nos jornais. Jamais poderia imaginar... Eu, que pesava um quilo e trezentas quando nasci. Meu pai contava que eu tinha

O desejo de reconhecimento 69

brigado para vir ao mundo e é brigando que vou sair dele. É tudo que eu peço, Frankie. E não quero brigar com você. Tive tudo que precisava. Tive tudo. Não deixe que eles roubem o que tenho no fundo de mim. Gostaria de partir enquanto ainda ouço o público gritar o meu nome.

– Não, por favor. Isso, não. Não me peça isso.

– Peço.

– Não.

Ela teve tudo e, como não pode fazer mais nada, não quer continuar a viver. A sobrevivência animal não é suficiente depois que provou das ásperas satisfações da existência humana. Frankie começa por negar. Porém, face à terrível determinação de Maggie, capaz de tentar engolir a própria língua para se suicidar, terminará aceitando. E, no momento de abreviar os sofrimentos de sua protegida, ele lhe revelará num murmúrio o sentido do apelido que ela ganhou. *"Mo Cuishle"*: *"My darling, my blood"*, "Meu amor, meu sangue". Esse nome público era igualmente portador de uma declaração secreta. Disfarçado pelo caráter social da luta pelo reconhecimento, o amor de Frankie avançava, mas era o amor de um pai pela filha. Um pai de adoção que lhe ofereceu o reconhecimento de que uma família nunca é capaz. O respeito. Que é o verdadeiro amor.

3. O desejo mimético

> "Sou um simples brinquedo!"
>
> BUZZ LIGHTYEAR, *Toy Story*

Cassino | O desejo dos outros

No começo, diz Spinoza, era o desejo. Desejar é ser, ou melhor, ser é desejar, uma vez que basta ser para desejar continuar a ser. Toda criatura, sem precisar pensar nisso, deseja perseverar no ser. Viver, pura e simplesmente. E basta existir para inclinar-se por certos objetos, e não por outros. Logo, não desejamos as coisas porque elas são boas, mas elas são boas porque as desejamos. O desejo vem primeiro. Entre os objetos que nos cercam, os desejáveis são aqueles que, segundo nossa natureza, constituiremos como tal. Os objetos dependem de nós, girando em torno de nosso desejo. O desejo não é alguma coisa que temos, é algo que somos.

Diante de Spinoza, no outro corner do ringue, René Girard chega com suas luvas de boxe de antropólogo e nos diz mais ou menos o seguinte: mas se, ao contrário, desejar fosse sempre imitar? Se, em vez de ser a expressão de minha inalienável singularidade, o desejo só revelasse o mimetismo que o gerou? Observe a realidade histórica, social, religiosa. Veja a história

O *desejo mimético* 71

do homem. Você percebe que só é possível desejar segundo
o desejo de outro. Pegue duas crianças, dê-lhes um monte de
brinquedos, todos idênticos. Uma das crianças pega um brinquedo. É a vez de a outra criança escolher, poderia pegar outro
brinquedo no monte, uma vez que são todos idênticos. Não, ela
vai querer o da outra criança. Não adianta você explicar que é
o mesmo brinquedo, que basta pegar outro no monte, idêntico
em todos os aspectos, é tudo em vão, e no fundo você sabe que
essa criança tem razão, porque o objeto desejado pelo outro tem
um preço infinitamente superior ao objeto que ninguém deseja.
O que eu quero não é o objeto sozinho, é o objeto em situação,
animado pelo outro. O inferno ou o paraíso é sempre os outros.

Cassino, de Martin Scorsese, nos introduz nos bastidores de
Las Vegas. Podemos sonhar com melhor laboratório para observar os mecanismos do desejo mimético? Sam "Ace" Rothstein, *bookmaker* celebridade (Robert de Niro), é recrutado por
figurões do crime organizado para dirigir um estabelecimento
de jogo. Um *bookmaker* tem como objetivo compreender o
desejo dos outros, analisar e quantificar a defasagem entre
esse desejo e a realidade, a fim de fixar as cotações das apostas.
É um cientista do desejo, faz aquilo, como diz seu comparsa
Nicky (Joe Pesci), como "cirurgião do cérebro". Quando vira
gerente de cassino, sua profissão muda de dimensão, mas
não de natureza: trata-se ao mesmo tempo de compreender
o desejo dos outros e, sem partilhá-lo, fazê-lo nascer. Perito
na detecção de trapaceadores, deve compreender também as
engrenagens do desejo mimético. Um bom gerente de cassino
tem alguma coisa de antropólogo e psiquiatra, mas às avessas:

seu objetivo não é curar seus clientes, e sim agravar a patologia. Sam Rothstein, antipsiquiatra: "Em sua opinião, o que que fazemos em pleno deserto? Estamos aqui pelo dinheiro. É esta a finalidade dos néons e das visitas guiadas, da champanhe e das suítes de graça, das putas e da grana. Tudo foi planejado para que tomássemos seu dinheiro. Eis a verdade sobre Vegas. Os únicos vencedores somos nós. Os jogadores não têm chance alguma. Sua liquidez flui aos borbotões das mesas de jogo para nossas caixas, pela 'gaiola', para o local mais sagrado do cassino, o lugar onde se calcula, o suprassumo, a sala da contabilidade."

Sam, o único que não joga, faz todos os outros jogarem, é ele quem conta, e conta pelo tempo. A lei estatística é imune à exceção: quanto mais se joga, menos se ganha. O interesse do jogador é jogar o mínimo de tempo possível. O do cassino é fazê-lo jogar o máximo de tempo possível. O tempo joga contra o jogador e a favor do cassino. É a defasagem entre o desejo do jogador e o interesse do cassino que faz com que o cassino ganhe sempre. O interesse mantém a cabeça fria e o olho vivo, contando com a cegueira mimética do desejo para encher os bolsos na penumbra.

Se o jogador continua a jogar quando perde é porque, enquanto joga, não perdeu de verdade. Ainda não. Eis a maldição do jogador: ele sempre acha que pode se recuperar, ao passo que, quanto mais joga, mais é depenado. Grandeza pascaliana do jogador, que prefere a diversão ao pensamento da morte. Jogar e achar que pode ganhar para esquecer que tudo está perdido de antemão. "Mais um minuto, senhor carrasco", não para de pedir o jogador. E seu carrasco, abençoando aquele filão, concede-lhe não apenas o minuto, mas o tempo que ele quiser. Sam: "No cassino, a regra de ouro é fazer eles conti-

O desejo mimético   73

nuarem a jogar. Quanto mais jogam, mais perdem. No fim, raspamos tudo."

Ginger (Sharon Stone) é uma prostituta deslumbrante que reina sobre Las Vegas com esplendor e habilidade, ao mesmo tempo cheia de charme e de truques, sabendo quem subornar e quem extorquir. Na mesa de jogo, onde lança os dados, todos os olhares convergem para ela. Até os de Sam, o gerente, que a observa pelas câmeras de vigilância. Ela lança os dados com um grito de guerra cheio de vida: lance vencedor! Comenta com seu parceiro rechonchudo, bigodudo, de óculos e gravata dourada:

– Eu não disse que hoje recebi uma *baraka*?!*

Sam vê-a cair nos braços do bigodudo, exagerando a alegria. Uma verdadeira atriz. Uma verdadeira jogadora. Um close mostra-a subtraindo fichas e fazendo-as deslizar para dentro da bolsa. Uma verdadeira ladra. O bigodudo percebe. Ela percebe que ele percebeu, e, para disfarçar, passa batom. Uma verdadeira mentirosa. O jogo de dados continua. Sam, cercado por dois guarda-costas, aproxima-se da mesa. Ela para de apostar, termina de jogar, agradece a todo mundo e entrega as fichas ao crupiê:

– Vamos, viva perigosamente, Steve. Cometa uma loucura.
– Obrigado e tchau!

---

* *Baraka*: palavra árabe que significa "bênção", uma dádiva de energia espiritual. (N.T.)

74   *Filosofando no cinema*

(*O bigodudo estende-lhe três fichas.*)

– Pegue, belezoca, é para você. Beba à minha saúde.

– Isso é uma piada?

– O que que há com você?

– O que que há é que fiz você ganhar um caminhão de dinheiro e que agora quero a minha parte do lucro.

– Pode esquecer, eu vi você roubando a sua parte.

– Do que você está falando, e esse monte de fichas, o que é? Não me venha com histórias, quero a minha percentagem!

– Ginger, não tirei os olhos de você a noite inteira, você não parou de me roubar!

– Não tente me enganar, quero meu dinheiro!

– Mostre sua bolsa, está cheia de fichas!

– Esse cara é um saco! Roubar não faz meu gênero!

– Abra?

– Abrir?

– É.

– Abrir?

– É.

– E agora, está satisfeito?

Ginger joga as fichas no chão, os clientes precipitam-se para catá-las. Ela pega outras fichas e joga para o ar, sorrindo. De braços cruzados, Sam observa-a com gravidade. Ginger percebe e sorri para ele, continua a distribuição. Sam não intervém. Observa-a agir, subjugado por sua beleza. Ela recua lentamente, sem desgrudar os olhos dele, e se afasta, dirigindo-lhe sorrisos provocantes. Em câmera lenta. Pois Ginger põe o mundo em câmera lenta. Ginger é uma estrela. Quando aparece em seu vestido deslumbrante e colado ao corpo, tudo

O desejo mimético 75

se põe em movimento e parece girar em torno dela. Revolução copernicana permanente, ela se torna o centro do mundo, o coração arfante, cujas palpitações se comunicam a seus satélites humanos, parasitas que se alimentam de sua energia. Mesmo pega com a boca na botija, ela inverte a situação. Como se diz: ela cria o fato. Por que ela joga as fichas para o alto? Spinoza tem a resposta: "Se imaginamos que alguém extrai alegria de uma coisa que só um pode possuir, faremos tudo para que ele não a possua" (*Ética*, II, proposição 32). Antes perder as fichas que deixar o bigodudo usufruir delas indevidamente. Mas Ginger também conta com o desejo mimético. Assim como em torno da mesa todo mundo a imitava e jogava como ela, querendo entrar na onda da *baraka* que recebeu, ela sabe que, espalhando as fichas, irá provocar um tumulto para distrair a atenção. Tal como esperado, todo mundo se precipita sobre as fichas. Menos ela e Sam.

Com um olhar eles se reconhecem. Estão do mesmo lado do desejo: do outro lado do espelho. A puta e o *bookmaker*. Eles vivem do desejo dos outros, com a condição de não o sentir. Contudo, embora perito em desejo mimético, nem por isso Sam é capaz de escapar dele. Como todo mundo, deseja Ginger. Ao contrário dos outros, sabe como fazer para casar com ela e alcança seu objetivo. Mas o fato de ser capaz de conhecer e satisfazer o desejo de Ginger não o torna dono do dela. Bastante lúcido quanto à maneira como os outros obedecem ao desejo mimético, ele continua cego aos mecanismos que ditam sua própria conduta.

Quando vê Ginger num vestido de noite de lantejoulas douradas, ou quando ela passa pelos convidados da recepção organizada em sua homenagem, Sam reconhece: "Meu maior prazer era ver minha mulher Ginger esquentar a sala. Todo mundo a adorava. E poderia ser de outra forma? Ela conseguia ser a mulher mais encantadora do mundo, as pessoas disputavam sua companhia. Sentia-se claramente sua presença. Ginger causava esse efeito nas pessoas, acho inclusive que o estimulava."

Quando afirma gostar de vê-la esquentar a sala, seu prazer é vê-la fazer nascer o desejo dos outros. Agrada-lhe sentir o calor das relações que ela instaura, toda a paisagem que desdobra à sua volta. E Sam gosta de fazer parte dessa paisagem, cujo centro irradiador é Ginger. Ginger, como por ocasião de seu encontro com Sam, é filmada em câmera lenta. É a câmera lenta que ela imprime ao mundo, a câmera lenta do desejo nascente. Essa mulher objeto de desejo seduz sem querer ou querendo, é difícil saber, e, para ela, isso dá no mesmo, pouco lhe importa, uma vez que nada deseja em troca: ela seduz de todos os ângulos, aquilo é mais forte que ela, causa esse efeito sobre as pessoas. Ela irradia, seu carisma é uma luz universal, ao passo que Sam, por sua vez, opera na sombra. Seu ofício também consiste em fazer nascer o desejo dos outros, mas não um desejo que se fixasse na pessoa dele, ao contrário: um desejo mediatizado por objetos, máquinas e fichas. Ele compreende as molas do desejo, observa, analisa, calcula e aplica uma estratégia, enquanto Ginger limita-se a ser. Ou, em outras palavras, apesar de tão perita, observadora e calculista como ele, é menos cerebral e mais tátil. Seu negócio é a relação humana, ela é eminentemente social e sociável – uma mulher amada pela multidão; enquanto o negócio dele é vencer sozinho contra todos – ele é profundamente solitário, um homem sozinho na multidão. Mas um homem tão vítima quanto os outros do desejo mimético de que Ginger é objeto.

O desejo mimético   77

Um pouco mais tarde, Sam e Ginger se isolam numa sala. Sam, com pose de chefão, fuma um charuto. Um rapaz moreno se aproxima deles:

– Todas as minhas felicitações, Sam.

– Obrigado.

(*O homem beija a mão de Ginger e a observa, fascinado. Sam, com o rosto crispado, vê Ginger sorrir.*)

– Boa-noite, madame, como vai? A senhora é uma das mulheres mais sublimes que conheci. O senhor tem sorte, sr. Rothstein.

– Obrigado, muito obrigado pelo elogio.

"Era um empregadinho do cassino, bom rapaz, inteligente. Estava se achando o quê, esse merdinha? No dia seguinte, botei ele no olho da rua." Sam não quer que desejem sua mulher, mas que o desejem. Ou, mais precisamente, o que faz Sam gozar não é que todo mundo deseje sua mulher, mas saber que todo mundo deseja estar no lugar dele. Mas essa satisfação paradoxal tem sua face obscura e não isenta de risco.

Para Freud, quando alguém deseja a mulher de outro homem está na realidade desejando o marido dela. Logo, se você deseja que desejem sua mulher, você deseja que desejem você. Em ambos os casos, isso é homossexualidade latente. Mas esta não seria uma redução simplista? A hipótese de Freud não é econômica nem racional, observa René Girard. Pois desejar *segundo* o desejo do outro nada tem a ver com desejar *o outro*. Desejar segundo o desejo do outro é constituí-lo como modelo. Porém, a partir do momento em que você adota um modelo, você o transforma no mesmo instante num obstáculo, você constitui, diz Girard, um modelo-obstáculo, dando origem a uma rivalidade. O rapaz, ao elogiar direta e explicitamente seu chefe, coloca-se como rival, à sua revelia. Além disso, ele é inteligente, logo, perigoso: é melhor livrar-se dele.

Quando chegou a Las Vegas, Sam julgava-se no paraíso: "Las Vegas lava os pecados de sujeitos como eu. É uma lavagem moral. Tem a mesma função que Lourdes para os aleijados." Mas, ao escolher por mulher uma espécie de acelerador de partículas do desejo mimético, Sam topa com um vórtice instável. À medida que goza ao ver sua mulher provocar o desejo à sua volta, seu desejo por ela intensifica-se mimeticamente, e, pouco a pouco, Ginger, ao concentrar muitos desejos, empurrará Sam para a rotina da rivalidade mimética. Sua atenção irá se deslocar de sua mulher para seus rivais, imaginários ou não, e precipitá-lo no inferno do ciúme. Se Sam é feliz no jogo, é porque não joga. No que toca ao amor, Las Vegas não é Lourdes, não existe milagre. Nem para os jogadores, nem para o chefão. A estrutura mimética do desejo não admite exceções.

Blow-up | A ilusão do eu

Blow-up [que em português recebeu o subtítulo *Depois daquele beijo*], filme de Michelangelo Antonioni, põe em cena um fotógrafo de moda, Thomas (David Hemmings), mais seduzido por si mesmo, ele também na moda, cercado de modelos, garotas bonitas sempre prontas a tirar a roupa por razões profissionais ou outra qualquer. Escutemos Thomas orientar sua modelo, uma belíssima e magérrima garota com longos cabelos dourados e rosto distinto:

O *desejo mimético*   79

– Bom. Então agora entregue-se de verdade. Relaxe, relaxe, relaxe. Ótimo. Vamos, recomece, curve-se, curve-se bem, levante os braços, levante os braços, estique-se, gatinha. Ótimo, ótimo. De novo, de novo, vamos! Vamos! Vamos! Magnífico. Agora, sim, veja! Maravilhoso, vamos, abandone-se. Levante a cabeça. Me dê tudo, me dê tudo!

A cena é filmada como um ato sexual, mas sem sexo. Está tudo ali: o fotógrafo beija a garota no pescoço para excitá-la, depois senta sobre ela, deitada e oferecida, os quadris dela se mexem, ele a captura, mas apenas fotograficamente, repetindo "Sim, sim, sim!". O ritmo se acelera, os corpos estão cada vez mais próximos, mas sempre separados por uma lente dupla: a da câmera fotográfica e a do foco.

Esse ato de focalizar é bastante curioso, ao mesmo tempo com conotação sexual e sem nenhum apelo de consumo. "Me dê tudo!", exige ele, mas o que ela lhe dá exatamente, e o que ele captura? A imagem. Num filme, isso seria uma tomada. Captamos o objeto, mas não o capturamos. Focalizamos sua pele sem tocar na substância. É mais precisamente uma imagem reprodutível. Uma fotografia de moda é feita para ser reproduzida em massa, divulgada nas revistas. A relação do fotógrafo com o real é viciada pela própria natureza de sua profissão. Nunca mais haverá encontro com o objeto, apenas criação de uma imagem reprodutível feita para engendrar o desejo sem que o objeto jamais seja consumido. Nem consumível. A imagem do objeto se propõe como insatisfatória por natureza. Drama da sociedade de consumo: ela apresenta como desejáveis objetos que nunca são consumíveis. Drama do fotógrafo: ele vê na moça sublime oferecida a seus pés apenas a oportunidade de fazer uma imagem destinada a outros desejos, não ao seu. No fim do *shooting*, ele deixa a moça com sua excitação sem dar continuidade, deixa-a deitada no chão, arfante, vibrante de desejo, e, sem lhe dirigir uma palavra, afasta-se e desaba no sofá, saciado, como depois do ato de amor. Mas o amor de menos. Fazemos a pergunta: o que acontece com o desejo nesse ato que deixa de ser um desejo? Para onde se esgueirou o desejo quando o corpo é reduzido à sua imagem? Antonioni passeia por esse universo da moda um olhar ao mesmo tempo fascinado pela beleza das modelos e horrorizado com o uso desumano que se faz delas.

Porém o mais interessante está por vir. Apesar de sua aparente indiferença ao desejo, nosso fotógrafo não consegue escapar do poder de seus mecanismos mais secretos. No fim do filme, Thomas vai parar num concerto de rock que se desenrola numa atmosfera estranhamente serena. Antonioni filmou uma banda de verdade, os Yardbirds (do qual faziam parte Jimmy Page e Jeff Beck), num cenário parecido com uma galeria de arte. O público exibe uma calma quase catatônica, tão petrificado, esgotado e taciturno quanto uma assembleia de mortos-vivos, à exceção de um casal que dança com certa afetação. Apenas a banda mostra uma atitude rock. O guitarrista tem um problema técnico: o amplificador chia desagradavelmente. Após uns tapinhas amistosos no objeto recalcitrante, como se faz com uma velha TV, ele perde a paciência e lhe desfere socos cada vez mais violentos com o braço da guitarra. Um técnico que veio em socorro também reconhece sua impotência. Então, por despeito ou por mau gênio, ele quebra a guitarra contra o amplificador e a destroça com pontapés, antes de oferecer o braço do instrumento quebrado à multidão,

O desejo mimético 81

como se fosse um troféu, ou um objeto sagrado, e joga-o para ela. A multidão até então amorfa se precipita, a batalha começa, e Thomas, nosso plácido fotógrafo, em geral tão *cool*, debate-se como um endemoniado no centro daquela súbita tormenta. Agarra o objeto precioso antes de sair do meio da multidão hostil e só escapa dos perseguidores com grande dificuldade. Novamente na calma da rua, em frente à vitrine de uma loja que exibe manequins de plástico tão inexpressivos quanto a multidão do começo da cena, toma fôlego, contempla o objeto fora de seu contexto, um desventurado braço de guitarra quebrado pelo qual acaba de arriscar a vida, e larga-o por ali mesmo. Minutos antes aquele objeto era valioso. Já não vale mais nada. Uma transeunte viu Thomas jogar fora alguma coisa, aproxima-se, pega o objeto e o dispensa também. Agora aquilo não passa de um dejeto. Uma coisa fora do mundo do desejo. Uma coisa pobre, que em poucos segundos passou da glória absoluta, objeto de todos os desejos, à sublime solidão dos objetos ignorados pelo homem.

Thomas, fotógrafo de moda, profissional do desejo mimético, que julgaríamos insensível às suas armadilhas, tão logo se vê em situação coletiva, torna-se exatamente como os outros. E sucumbe ao desejo mimético, porque simplesmente, como diria René Girard, por mais lúcido que seja, ninguém é infenso ao desejo.

Spinoza fala da "Emulação, que não é outra coisa senão o Desejo de algo que nasce em nós porque imaginamos que outros seres semelhantes a nós têm o mesmo Desejo" (*Ética*, II, proposição 27). Essa "emulação", ou desejo imitado, não passaria de um despropósito do ser, sua evolução patológica. Girard, ao contrário, afirma que só existe desejo imitado, e que a emulação é a verdade do desejo. Recusa-se a ver no desejo mimético um acidente psicológico, uma simples falha da razão individual. Girard inscreve a priori o indivíduo numa trama social que o determina sem que ele se dê conta disso. O desejo mimético não é uma degradação individual de um desejo sempre singular, mas a origem social, o processo que determina previamente todo indivíduo. Este é o segredo bem guardado do desejo individual, que seria mais bem-designado como "interindividual", para marcar com clareza o caráter sempre secundário e ilusório do indivíduo. Spinoza denunciava a ilusão do livre-arbítrio, da qual julgava Descartes uma vítima. Podemos dizer que Girard denuncia a ilusão do livre desejo, ou do desejo individual, da qual Spinoza é vítima. Não que Spinoza esteja errado: o fenômeno que ele descreve, a emulação, existe de fato. Mas ele é o coração do desejo, não simplesmente sua lastimável degradação. Ele é sua substância, não seu acidente. Em *Un mime nommé désir*, Jean-Michel Oughourlian, psiquiatra adepto das teses de Girard, expõe muito claramente os postulados do desejo mimético: por um lado, "é o desejo que engendra o eu e que, por seu movimento, leva-o à existência. ... O desejo está na origem do eu. O eu é então, na realidade, o eu-do-desejo. O eu, engendrado pelo desejo, não poderia portanto reivindicar a *propriedade desse desejo*. ... Por outro lado, o desejo é mimético, uma vez que é reprodução, duplicação de outro desejo. O eu não poderia portanto reivindicar a prioridade do desejo que o constitui sobre o desejo do outro."

O que vemos nessa cena de *Blow-up* é efetivamente a dissolução do eu do fotógrafo no desejo mimético: o eu-do-desejo perde o lugar para o eu aparente, o indivíduo curva-se à lei da massa. Ou digamos que, quando cede à multidão em sua

O *desejo mimético* 83

presença, o indivíduo se recobra no recolhimento e na solidão. A cena da multidão assemelha-se a um lapso revelador: subitamente a ponta do iceberg do eu insular se inverte e revela seu fundamento social e maciçamente mimético. O social desponta sob o individual e revela sua ilusão fundadora.

A fantástica fábrica de chocolate | O desejo de ser diferente

Primo Levi, que foi deportado para Auschwitz, registrou sua experiência num livro inesquecível, com um título em forma ao mesmo tempo de pergunta, condição e injunção: *É isto um homem?*. Com o temperamento sério que o caracteriza, ele nos convida a pensar o campo de concentração e extermínio como uma espécie de laboratório de ciências humanas – ou desumanas, nesse caso dá no mesmo. Porque, reconhece ele, nesse universo atroz lhe foi possível observar os comportamentos humanos mais espantosos e reveladores. Por exemplo, a história daquele velho que, embora tão faminto quanto os outros ao chegar ao campo, economiza suas rações de pão e se priva de comida durante vários dias com o objetivo de comprar retalhos de pano de cores diferentes! O velho tem um plano: irá cortá-los em pedacinhos, depois colocá-los à venda, após ter estabelecido um preço arbitrário correspondente a cada cor. Cada cor tem seu preço. Um preço conhecido de todos. Primo Levi, requintado conhecedor das leis ocultas do campo de concentração, não aposta muito nas chances de sobrevivência daquele louco. Entretanto, em poucas semanas, o velho frágil, que não deveria sobreviver por muito tempo, se tornará o homem mais rico do campo. Qual teria sido o milagre? Nenhum milagre, mas um sutil conhecimento dos mecanismos do desejo humano. Num universo uniforme, como manifestar sua diferença? É muito simples: exibindo um sinal cujo preço todo mundo conhece. Num campo onde todos devem usar uniforme, os prisioneiros, preocupados em manifestar sua singularidade e o poder de que dispõem, veem-se subitamente com a possibilidade de ostentar um status aos olhos de todos, comprando a fita da cor adequada a seus recursos.

O sinal distintivo não serve aqui para designar uma vítima, não é uma estrela amarela imposta, que estigmatiza e uniformiza, mas, ao contrário, um pedaço de fita desejado, singularizador e que confere algum prestígio. A genialidade do velho consistiu em identificar a necessidade de particularização num universo uniforme, criar valor a partir dessa necessidade e inventar um sistema de diferenças tão econômico quanto possível. Investimento material mínimo, uma vez que o objeto aí se reduz a um puro signo; portanto, lucro máximo, uma vez que o preço de venda do objeto é legitimamente arbitrário. O que é comprado não é um objeto que tem valor por si mesmo, mas que o adquire aos olhos dos outros, que sabem seu preço. O que tem valor é que os outros o saibam. Se a fita vermelha vale mais que a fita azul, isso não se deve à natureza da cor, nem à qualidade do tecido, mas ao fato de que vale mais. É assim. Arbitrariedade do signo, arbitrariedade do preço e desejo mimético: todo mundo sabe que o vermelho vale mais, logo todo mundo o deseja. Isso não nos lembra nada? Napoleão, em outro contexto, mas com o mesmo talento político, não inventou a legião de honra (fita vermelha), a ordem do mérito (fita azul) etc., todas aquelas fitinhas coloridas que ele chamava de "chocalhos da República"? É assim, dizia ele, que governamos os homens...

O desejo mimético   85

E as crianças? *A fantástica fábrica de chocolate*, filme de Tim Burton adaptado do romance de Roald Dahl, nos faz mergulhar no mundo impiedoso do desejo mimético infantil. Willy Wonka (Johnny Depp), inventor genial, dirige uma misteriosa fábrica de chocolate, mais secreta que um banco suíço, e cujas receitas irresistíveis dominam o mercado mundial. Um dia, ele anuncia que introduziu seis cupons dourados nas barras de chocolate vendidas no mundo inteiro, e cada cupom dourado dará a seu feliz ganhador o direito de...

Num primeiro momento, pouco importa. O cupom dourado funciona imediatamente como a fita colorida ou o chocalho da República das crianças. O princípio do cupom dourado é superior ao do brinde na embalagem de cereais. O brinde está garantido. Como a cereja no bolo, ele enfeita o produto que acompanha. Supostamente é um brinde para valorizar a embalagem, e logo o desejo do consumidor potencial. Você compra tudo pelo mesmo preço, princípio conhecido das liquidações e do imaginário negócio da China. Willy Wonka vai mais longe: ele aumenta o valor da barra de chocolate sem inserir brindes nela. Ou digamos que transforma cada barra de chocolate em bilhete de loteria, uma vez que inseriu seis cupons dourados nos milhões de barras que pôs à venda. E com apenas seis "brindes" aumentou o valor de todas as barras! Não é mais chocolate que ele vende, mas sonho. Todas as crianças do planeta vão desejar o chocolate, sim, claro, nada mais natural, mas no fundo o desejo de chocolate será ofuscado pela busca do cupom dourado. Quando pedem uma barra, as crianças não querem mais o chocolate por si mesmo, mas pela chance de nele descobrir o raríssimo sésamo. Apenas uma criança pobre, pobre como Charlie, continuará a usufruir, patética e um tanto bestialmente, da oportunidade de comer chocolate – fato excepcional para ele – após a decepção de não ter descoberto o cupom mágico na barra que ganha de aniversário. Mas o mesmo não acontece com o rico pai de Veruca, que desabafa com os jornalistas.

– Assim que minha pequena Veruca disse que precisava de qualquer jeito desses cupons dourados, comecei a comprar todas as barras Wonka que pude encontrar. Milhares de barras, centenas de milhares. Estou no ramo do amendoim, vejam vocês, então eu disse às minhas operárias: "Bom-dia, senhoras, agora, em vez de descascar amendoins, descasquem os invólucros das barras de chocolate." Passaram-se três dias e nada. É terrível. A cada dia minha pequena Veruca ia ficando um pouco mais contrariada.
– Onde está meu cupom dourado? Quero meu cupom dourado.
– Pois é, cavalheiros, eu não aguentava mais ver minha filhinha tão infeliz. Jurei continuar as buscas até conseguir encontrar o que ela queria. E finalmente encontrei um cupom para ela.

O pai, orgulhoso de satisfazer o desejo da filha, entrega-lhe solenemente o cupom tão cobiçado e obtido com grande sacrifício. A reação da ingrata não se faz por esperar. Sem esboçar um agradecimento, Veruca já encomenda o desejo seguinte, que, já deu para perceber, é uma ordem:

– Papaizinho! Quero outro pônei!

A lógica do desejo mimético não pode inscrever-se melhor na lógica da falta e da eterna frustração detectada por Deleuze em sua análise das maldições do desejo. Quando desejamos o que todo mundo deseja, o desejo é condenado a sofrer a lei

O *desejo mimético* 87

exterior (ele não cria o objeto de seu desejo), a falta (ele sente necessariamente falta do objeto que não criou) e o gozo impossível (o objeto é inacessível). Mas o desejo mimético inscreve-se aqui igualmente na lógica de distinção descrita por Primo Levi. Se o pai dessa menina horrível sente tanto orgulho por ter conseguido encontrar um cupom é porque vê nele um sinal distintivo, como uma fita colorida atribuidora de mérito. Se no fundo o valor do cupom é episódico ou nulo para sua filha, para ele é imenso.

Para que serve na verdade esse cupom dourado? Que portas milagrosas ele abre? Por que todo mundo o deseja? Isso é quase indiferente, uma vez que o cupom vale como puro sinal distintivo num mundo estruturado pelo desejo mimético. Mas, para a história, ele dá direito, privilégio dos deuses, a uma visita à misteriosa fábrica de chocolate de Willy Wonka... Nada além disso. E é pela aparente banalidade do prêmio que podemos avaliar ao mesmo tempo o talento comercial de Willy Wonka e o poder do fenômeno mimético. Quando a paixão mimética intervém, o objeto da rivalidade torna-se episódico, passando a segundo plano, completamente ofuscado pelo calor da competição. As crianças não desejam mais o chocolate por si mesmo, mas pelo cupom dourado. E este só vale o que vale porque todos o desejam. Quem sonha sinceramente em visitar uma fábrica? O pai de Veruca, disposto a tudo para obter o cupom dourado, também dirige uma fábrica. Uma fábrica que provavelmente sua filha jamais sonhou visitar. Se o cupom vale ouro é porque se oferece mais como um símbolo, um puro signo, do que como um prêmio real. O cupom dourado, que encontramos ou não encontramos, oferece a todos a chance de viver, pela mera compra de uma barra de chocolate, o sonho de uma viagem. E o filme, pelo preço de uma entrada de cinema, oferece o mágico cupom dourado a todas as crianças.

Willy Wonka, em todo caso, não é um cínico manipulador do desejo infantil. Embora desencantado, infinitamente solitário e um tanto misantropo, acima de tudo está à procura de um amigo de alma pura. E se Charlie, a criança pobre e sortuda, se destaca dos demais, é porque não obedece, ou obedece menos, ao desejo mimético que têm os outros. Willy Wonka concebeu o cupom dourado como uma prova seletiva que, ao exacerbar a rivalidade mimética, permite, por contraste, revelar a pérola rara – a criança que não se limita a imitar as outras. A visita à fábrica de chocolate funciona como um teste ético, uma série de armadilhas digitais às quais as crianças sucumbem sucessivamente, à exceção de Charlie – o único capaz de descobrir a amarga verdade do chocolate sob a reluzente mentira do cupom dourado. *A fantástica fábrica de chocolate*, ou como ser você apesar dos outros.

Toy Story | Os brinquedos do desejo

Passemos agora para o outro lado, o dos brinquedos. Se todas as crianças querem os mesmos brinquedos, o que querem, por sua vez, os brinquedos? Pergunta aparentemente estranha, mas apaixonante para quem quer descobrir os segredos do desejo mimético sob uma faceta inesperada. *Toy Story*, animação de John Lasseter, nos faz partilhar a vida dos brinquedos quando já deixamos de olhar para eles. Pois os brinquedos possuem uma alma e, se fingem ser objetos inanimados quando as crianças brincam com eles, é mais por profissionalismo e senso

O desejo mimético 89

do dever. Contudo, por mais astuciosos que sejam, os brinquedos temem dois dias no ano: o Natal e o aniversário do "dono". Hoje é aniversário de Andy. Todos os seus brinquedos, no auge da angústia, reunidos num cubículo, em crise, espreitam a chegada do "presente", nada menos que um Buzz Lightyear, recém-lançada miniatura de astronauta equipada com um sistema hi-fi cheio de chips eletrônicos. A autoridade de Woody, o xerife, um simples boneco caubói, é logo questionada com a chegada do intruso, que sai de sua caixa como se de uma nave espacial. Assim que aterrissa no quarto de Andy, Buzz é assediado pelas perguntas interessadas dos "velhos" brinquedos. O Porquinho de plástico pergunta:

– E então, de onde você vem? Cingapura? Hong-Kong?
– Não, na verdade estou lotado no quadrante gama do setor 4. Sou membro da unidade de elite da proteção universal dos patrulheiros do espaço. (*Woody lê a mesma coisa na caixa.*) Defendo a galáxia contra a ameaça de invasão do infame imperador Zurg, inimigo jurado da aliança galáctica!
(*O sr. Cabeça de Batata:*)
– Pois eu venho da Playschool.
(*O Dinossauro:*)
– E eu da Mattel. Quer dizer, para ser sincero, não é bem da Mattel, mas de uma pequena empresa que foi devorada por outra.
(*Woody, se mordendo de ciúmes, diz à boneca pastora, Betty:*)
– Como se nunca tivessem visto um brinquedo novo!
– Nunca viram um brinquedo como este. Ele tem mais dispositivos que um canivete suíço.
(*O cachorro de molas aperta um botão de Buzz, o que deflagra um ruído e uma luz vermelha. Buzz diz:*)

90   *Filosofando no cinema*

– Cuidado, meu velho, não vai querer que eu o pulverize com meu laser.

(*O sr. Cabeça de Batata:*)

– Ó, um laser! E você, por que também não tem um laser, Woody?

– Não é um laser, é apenas uma luzinha que brilha!

(*O Porquinho diz ao sr. Cabeça de Batata:*)

– O que é que ele tem?

– Tem inveja do laser.

(*Woody, irritado, tenta fazer Buzz Lightyear cair na real:*)

– Bom, já chega! Estamos todos impressionados com o novo brinquedo do Andy.

– Brinquedo?

– B-R-I-N-Q-U-E-D-O: brinquedo!

– Desculpe, mas acho que a expressão que procura é "patrulheiro do espaço", estou enganado?

– A palavra que eu estou pensando não pode ser dita na presença de brinquedos menores de idade!

(*O sr. Cabeça de Batata:*)

– É, está ficando tenso.

(*O Dinossauro:*)

– Sr. Lightyear, eu fiquei curioso, afinal, para que serve um patrulheiro do espaço?

(*Woody perde a calma:*)

– Mas ele não é um patrulheiro, ele não combate o mal, não sabe atirar nem voar!

– Ehh... dá licença?

(*Buzz aperta um botão que abre suas asas. Enquanto todos os brinquedos se extasiam, apenas Woody mantém uma distância crítica cada vez mais ressentida:*)

– As novidades não param, hein!

O desejo mimético 91

– Impressionante!

– Ah, o que é isso? São de plástico, ele não voa!

Com ciúme, Woody fará tudo para se livrar de Buzz, afastando-se assim dos outros brinquedos. Woody e Buzz, brinquedos rivais, irão duelar pela supremacia junto ao dono, Andy, no cenário épico – na escala de um brinquedo – de um posto de gasolina, onde a mãe de Andy e seu filho deram uma parada. Arrebatados pela intensidade do confronto, Buzz e Woddy esquecerão de voltar a tempo para o carro da família. Ei-los perdidos. Uma luta mortal entre brinquedos, isto é, Hegel em Playmobil. Mas Hegel modulado por René Girard. Pois o desejo mimético está no cerne dessa luta, como logo irá descobrir Buzz Ligthyear ao ver um anúncio na televisão gabando "seus" méritos:

– Buzz Lightyear, Buzz Lightyear, aqui Comando Estelar. Está me ouvindo?

Buzz vai responder à chamada quando compreende que não é a ele que a mensagem se dirige. Vê-se na televisão, onde curiosamente é e não é ele... A publicidade continua: "Buzz Lightyear, o planeta Terra precisa de sua ajuda. Buzz Lightyear, o maior super-herói do universo, e agora o melhor brinquedo do mundo, inteiramente equipado: comunicador de pulso (ele olha para o pulso), golpe de caratê, feixe laser pulsante, simulador vocal multifrases." A criança do anúncio aperta um botão vermelho no brinquedo: "Missão secreta num planeta desconhecido." Buzz faz a mesma coisa, aperta o mesmo botão vermelho e a mesma frase ressoa: "Missão secreta..." Asas, "Ao infinito e além". Uma advertência aparece na tela: "Esse brinquedo não voa." "Compre o seu Buzz Lightyear e salve a galáxia mais próxima. Buzz Lightyear, à venda na Al's Toy Barn e em todo o universo!" O spot publicitário termina com a visão apocalíptica de uma gôndola de brinquedos de supermercado cujas prateleiras estão abarrotadas de bonecos Buzz Lightyear. Buzz, como fulminado por um raio, levanta a tampa de sua pulseira e vê os dizeres "Made in Taiwan". Abatido, faz uma última tentativa de voar, mas se estatela no pé da escada e quebra um braço.

Buzz acaba de fazer várias descobertas. Em primeiro lugar, não passa de um brinquedo, isto é, um entre uma infinidade de outros similares. Não possui singularidade alguma e viveu na ilusão de ser único. Logo, ele é o brinquedo de sua consciência. Julgava-se único, não é ninguém. Em segundo lugar, é o brinquedo de um desejo mimético, uma vez que foi produzido em massa e é oferecido a todas as crianças como único. Dupla ilusão do desejo mimético. Buzz, agora lúcido, compreende que Woody tinha razão. O que Woody não suportava em Buzz era a cegueira sobre sua natureza de brinquedo e a ilusão de ser único. Woody só era inimigo de Buzz em função da cegueira deste. Agora que a luz está lançada sobre a verdade mimética, o desejo de reconhecimento pode atuar a pleno vapor.

Pois é de um modo tortuoso que Hegel irá permitir que Buzz e Woody descubram seu lugar, conquistando-o pela luta. Não uma luta que oponha um ao outro, ao contrário: uma luta que os une contra um adversário comum. Buzz e Woody, prisioneiros de uma criança afogada em brinquedos, o pestinha Sid, que os capturou, farão misérias para reencontrar Andy. O desejo de reconhecimento dos brinquedos permite-lhes, após uma pri-

O desejo mimético 93

meira luta mortal felizmente interrompida, unir esforços contra a adversidade natural, para no fim vencê-la.

Um pequeno e rápido esclarecimento. René Girard e o desejo mimético se parecem com Hegel e o desejo de reconhecimento. Mas enquanto em Hegel o outro quer dizer a mesma coisa que eu porque somos semelhantes e temos simetricamente a mesma ambição, em Girard eu quero a mesma coisa que o outro porque o outro a quer: porque você a deseja, eu a tomarei de você, se puder. Em Hegel, o desejo de reconhecimento não é imitado, mas simétrico. Em Girard, o desejo mimético só é simétrico porque imitado. Em Hegel, eu desejo por mim mesmo, estou na origem de meu desejo e preciso do outro para me reconhecer. Em Girard, desejo apenas imitando o outro, e vice-versa, numa espiral mimética que não tem mais origem identificável.

À primeira vista, seria Hegel quem teria a última palavra em *Toy Story*, uma vez que um brinquedo – sem identidade própria no momento de sua produção e que, uma vez que é igual a todos, não é ninguém – é capaz de adquirir uma personalidade e se tornar alguém graças à sua história. Às suas ações. Ao colocar suas vidas em jogo, Buzz e Woody ganharam a singularidade que lhes faltava. No fim da história, somos obrigados a reconhecer: os brinquedos trabalharam bem. Lutando pelo reconhecimento, tornaram-se verdadeiramente humanos.

Porém, numa última reviravolta, e graças aos produtos derivados do filme, o desejo mimético consegue recuperar seus direitos. Pois as crianças que viram *Toy Story* são presas numa armadilha de sofisticação genial. Woody e Buzz, que, pela luta, puderam ser reconhecidos como humanos, são agora para o espectador pessoas singularíssimas. Não são mais brinquedos, mas indivíduos. Indivíduos que – como os homens só lhes reconhecem o status de objetos – permanecem inanimados na presença deles, fingindo não passar de brinquedos. Por meio de uma temível replicação, que contamina a realidade e vice-versa, nada mais será tão individuado e vivo quanto um boneco de plástico, Woody ou Buzz Lightyear. Na verdade, *Toy Story* nos faz passar para o outro lado: nós, espectadores, e pais de jovens espectadores, nos tornamos brinquedos... joguetes.

Na roda da fortuna | O desejo acorrentado

Em *Na roda da fortuna*, dos irmãos Coen, penetramos nos segredos da industrialização do desejo. Como veremos, o desejo não é uma ciência exata. Aliás, é exatamente o contrário disso. Estamos em 1958, em Nova York. Após o suicídio do dono do império Hudsucker, os membros do conselho administrativo decidem nomear um idiota para dirigir a empresa, a fim de fazer cair o preço das ações, antes de rasparem o tacho. Pensam ter encontrado o candidato ideal na pessoa de um recém-formado por uma obscura escola de comércio, Norville Barnes (Tim Robbins), deliciosamente ingênuo, com espírito infantil. A princípio ele parece corresponder às expectativas: quando Norville revela sua estratégia, os conspiradores esfregam as mãos. Aquele imbecil sonha conquistar o mundo... com um círculo! Ele reinventou a roda, ou, mais precisamente, o bambolê, do qual faz uma demonstração desajeitada, tentando girá-lo na cintura. Não tem sequer nome para a invenção. Quando lhe perguntam para que serve aquilo, o novo presidente responde: "Pois é... para as crianças!" Convém de fato dar um

O desejo mimético 95

nome àquela coisa, que então irá chamar-se "bambolê" (*hula hoop*)! Um objeto inútil, com um nome inverossímil, destinado a um fracasso certeiro: o conselho administrativo vibra. O mercado começa por lhe dar razão. O dono de uma loja de brinquedos espera o cliente ao lado de um anúncio desse novo produto: o bambolê, no qual se vê uma criança rodando o círculo na cintura ao lado do slogan "Atenção... para crianças!". Preço de lançamento: 1,79. Nenhum comprador. O dono da loja fuma tranquilamente. Cedendo à lei da oferta e da procura, ele abaixa o preço: 1,59. Depois, em rápida sucessão, 1,49, 1,39. Ainda nenhuma compra, é a derrocada. O objeto entra em promoção: dois por 0,25. Depois passa a brinde: é oferecido com qualquer compra. Irritado com o fracasso-relâmpago, ele termina por jogar os brinquedos na rua, no beco atrás da loja, onde ficam as latas de lixo. Um dos bambolês segue adiante e, como que movido por uma força sobrenatural, rola pela rua, dribla os obstáculos, faz as curvas, segue na calçada, onde literalmente esbarra com uma criança, uma vez que gira em torno dela para finalmente cair a seus pés. Olhar intrigado da criança. Ouve-se uma campainha: é a saída da escola da vizinhança, uma multidão de meninos sai gritando de alegria na rua. A criança dá um passo, entra no bambolê, apanha-o e depois começa a rodá-lo em torno da cintura com a destreza de um acrobata de circo. Sorri, entregue a seu prazer de atleta. O enxame de crianças vai correndo até a esquina e fica estática diante do espetáculo inesperado. Câmera lenta. Bocas abertas, olhares pasmos. Admiração. A criança improvisa números com o bambolê, rodando-o agora em volta do tornozelo. Do pescoço... As crianças, vencidas, precipitam-se berrando em direção à loja de brinquedos. Desejo mimético! Em frente à loja, o dono, de queixo caído, assiste à invasão das crianças. De uma hora para outra, o preço do bambolê passa de zero para 3,99. Ou seja, muito mais que o primeiro preço programado. Sucesso inesperado. As ações da empresa sobem acima das expectativas. O diretor "idiota" revela-se um gênio. Infantil como as crianças que compram o improvável brinquedo, ele triunfa onde qualquer outro adulto digno desse nome teria fracassado.

Há vários ensinamentos aqui. Expor na vitrine um objeto para torná-lo desejável não basta: o objeto na vitrine decerto é apresentado como desejável, mas ainda não está em situação. Oferecer como brinde tampouco basta para criar uma demanda. O valor de um objeto não desejado é nulo. E, paradoxalmente, quando se livra do objeto é que o comerciante dá uma chance a ele. Uma criança recolhe o bambolê e usa-o. Outras crianças a veem, admiram, querem imitá-la e passam a desejar o objeto... O preço sobe. O valor foi criado pelo exemplo e pela imitação. O desejo mimético funciona aqui a pleno vapor. Mas por que a primeira criança quis brincar com o bambolê? Ela não imitou ninguém. O bambolê chegou às suas mãos. É uma espécie de acidente feliz. Um pouco feliz demais, evidentemente. Os irmãos Coen divertem-se aqui com o absurdo do fenômeno bambolê. Reconstituindo a improvável cena originária, onde veríamos um primeiro desejo espontâneo, em seguida imitado por todos, o filme indica claramente que isso não pode ter acontecido assim. Se o valor do objeto vem inegavelmente do contágio mimético por ele provocado, é impossível identificar a origem desse contágio, ou, se for possível, só poderíamos descrever o fenômeno sem compreendê-lo. Se houvesse uma ciência do desejo mimético, se pudéssemos prever exatamente o objeto que irá se tornar

O desejo mimético 97

contagioso, não haveria insucessos comerciais. A propósito, o filme em si foi um relativo fracasso: compreender os mistérios do desejo mimético ou produzir um sucesso comercial não é garantia de sucesso.

Segue-se no filme uma campanha publicitária delirante, na qual o bambolê é popularizado e contamina todas as faixas etárias: passamos das crianças aos pais: mamãe, como boa dona de casa, passa o aspirador... com seu bambolê. Papai fuma seu cachimbo e lê sua correspondência no escritório... com seu bambolê. O círculo mágico invade festas, casamentos... Todos aderem a ele, até os cientistas! Porque um objeto inútil não tem limite de propagação. Uma vez que não serve para nada, pode servir a todos.

O filme nos mostra então que um sucesso dessa envergadura é ao mesmo tempo irracional e imprevisível, e, não obstante, nos fornece elementos para esclarecer algumas razões disso. Por exemplo, um fenômeno de massa supõe uma produção de massa. O jovem executivo, por mais idiota que pareça aos olhos de seu conselho administrativo, nem por isso deixou de cursar uma escola de comércio e sabe descrever as qualidades de seu produto: "econômico, simples, baixo custo de produção, margem de lucro significativa (*great profitability*) e forte potencial de venda (*mass appeal*)." Por quê? Graças ao plástico. Estamos em 1958. O plástico, invento então recente, pode assumir todas as formas. Existe forma mais simples que um círculo? No fundo, foram as condições de produção que ditaram a forma do objeto. Só faltava inventar um uso para ele... A criação de valor, na indústria do lazer, pode repousar ao mesmo tempo numa obediência cega às condições econômicas de produção e na arbitrariedade de um uso a ser inventado de ponta a ponta, por mais inútil que seja, desde que entre em jogo o desejo mimético. Como prova disso, bastante divertida, o filme propõe, a partir da mesma matriz e do mesmo desenho – um círculo –, um novo objeto igualmente fadado a um futuro exuberante: o frisbee! Um disco de plástico, a forma mais simples de se produzir. Tão inútil quanto o bambolê. Então, por que não, igualmente necessário? A forma perfeita para um sucesso mimético.

Zoolander | Os modelos do desejo

Agora mergulhemos no âmago da matriz mimética. *Zoolander*, comédia de Ben Stiller, nos introduz no universo, ou melhor, no espírito dos modelos, mais exatamente dos top-models masculinos. Um top-model não é um modelo como os outros. É o modelo de tope, que domina os demais, a quem todos imitam, inclusive os modelos. O top-model é quase abstrato, é mais uma ideia que um indivíduo, daí talvez a anorexia em voga nesse meio. Menos como carne do que como ideia, o top-model é a encarnação moderna da antiga Ideia de beleza. No *Banquete*, em que Platão trata do amor, Sócrates observa que, se prestarmos atenção, há mais beleza na ideia de beleza que nas coisas belas; e que convém nos elevarmos, como por degraus, do amor dos belos corpos à ideia de beleza, que é ao mesmo tempo a verdade da beleza e a verdade pura e simples. Em outro diálogo, *Hípias maior*, no qual Platão fala sobre o belo, o sofista Hípias, intimado por Sócrates a definir a beleza, contenta-se em dar um exemplo: "É uma bela virgem." Sócrates ironiza, observando que há também belas panelas. A ideia ou definição da beleza é o modelo que dita o padrão pelo qual medimos a beleza das

O *desejo mimético* 99

coisas deste mundo. Para Platão, há mais realidade na ideia de beleza do que nas coisas belas. Prova disso, a ideia de beleza é eterna. Ao passo que, como resumia Hubert Grenier num sóbrio e cruel aforismo platônico: "Helena de Troia sobreviveu à sua beleza." Logo, o top-model moderno é uma gradação da ideia platônica. Um top-model é alguém que se considera, ou melhor, que consideramos uma ideia. Uma ideia segundo a qual se pretende governar o desejo de todos. Mas uma ideia, por definição, não existe. É isso que garante sua eternidade. Pois bem, os top-models tampouco existem. Ou existem muito pouco.

Matilda, jornalista da revista *Time*, conhece os dois modelos masculinos mais badalados do momento: Hansel (o louro Owen Wilson) e Derek (o moreno Ben Stiller). Hansel e Derek atacam:

– Na matéria que eu li, você parecia cagar solenemente pros caras que fazem nosso tipo de trabalho.

– Por que detesta tanto os modelos, Matilda?

– Vocês fazem mesmo questão de saber?

– Claro.

– Acho eles supérfluos, estúpidos e incrivelmente narcisistas.

– Concordo plenamente com você. Mas o que sente pelos modelos homens?

(*Risadas idiotas.*)

– Genial!

– Não, não, estou falando sério, Matie. Posso chamá-la de Matie? Você está escondendo algo! Não nos contou a história toda, com certeza tem mais alguma coisa.

– Querem mesmo saber a verdade? Bom, tudo bem, vou dizer a verdade. Quando entrei na quinta série, eu era a mais gorda da sala.

(Derek não consegue reprimir uma cara de nojo. Matilda se irrita:)

– Tudo bem, paremos por aqui.

– Não, não, desculpe. Por favor, continue, me perdoe.

– Eu era o alvo das chacotas de todas as beldades da sala. Foi uma fase ingrata. O fato é que, todos os dias, depois da escola, quando eu chegava em casa, pois bem, eu folheava as revistas da minha mãe, *Vogue* e *Glamour*, e olhava aquelas mulheres que eram a perfeição em forma de mulher, incrivelmente, radicalmente magras, e eu não conseguia, simplesmente não conseguia entender por que não era como elas, era uma coisa que ia além do meu entendimento, então foi a partir desse momento que comecei a virar...

– O quê?

– Bulímica.

(Depois de pensar um pouco, Derek e Hansel percebem a gravidade da revelação:)

– Você lê a cabeça das pessoas?

(Após um longo momento de consternação, Matilda explica:)

– A bulimia é quando você vomita depois de comer. Ah! É esse exatamente o efeito que vocês exercem sobre as pessoas, vocês modelos! Vocês devolvem a elas uma imagem feia delas mesmas!

(Derek e Hansel se escangalham de rir:)

– Matilda, Matilda! E então? Onde está o mal? Isso volta e meia acontece comigo, vomitar depois das refeições.

– Comigo também, é uma maneira genial de perder peso antes de um desfile.

– Mas isso não faz qualquer sentido! Vocês não compreendem que é uma doença?

O desejo mimético 101

Não, não compreendem. Não estão ali para isso. Estão ali, ponto final. Como diz Hansel em sua profissão de fé: "Eu me envolvo profundamente com o que faço. Será que sei que produto eu vendo? Não. O que farei hoje? Não. Mas estou aqui, e tento dar o melhor de mim." Ou Derek, cujo arsenal expressivo inclui apenas uma espécie de careta universal: "A palavra grega da qual deriva modelo significa pedaço de argila informe. E tento pensar nisso sempre que estou diante de uma câmera." Matilda, ao mesmo tempo que expõe claramente o problema, erra o alvo. Ela diz "vocês modelos", ao passo que eles não são culpados de nada, ou muito pouco. Eles não são construídos como modelos, não compreendem ao menos o funcionamento do que fazem. No melhor dos casos, são marionetes, no pior, cabides. Vítimas como qualquer um do desejo mimético. A propósito, Hansel aponta seus modelos: "Eu era diferente dos outros garotos, incrível, enquanto todos sonhavam em ser astronautas, eu me interessava mais em saber de que se compunha a casca da árvore da floresta. Richard Gere? É uma pessoa que admiro. Sting? Eis outro exemplo para mim. A música que ele vem compondo nos últimos anos não é realmente a minha praia. Mas tenho o maior respeito por sua atividade como criador." Observemos que a identificação com esses modelos tem como objetivo não a imitação, mas a singularização. É para não se parecer com todo mundo, é para se apartar do conformismo dos futuros astronautas que Hansel procura outras celebridades para imitar.

Os que sofrem em função dos modelos não são os modelos, mas aqueles que se obrigam a desejar segundo esses modelos. Ou digamos que aqueles que imitam os modelos sofrem de rivalidade mimética. Os modelos, por sua vez, sofrem da rivalidade pelo reconhecimento. Para os escravos da moda, o desejo mimético. Para os top-models, o desejo de reconhecimento. E, por conseguinte, a luta mortal, ou luta de puro prestígio, no âmbito aparentemente suave, embora infinitamente cruel, dos prêmios da moda, apresentados por Lenny Kravitz fazendo seu próprio papel: "Os candidatos ao troféu de modelo masculino do ano." Primeiro Hansel: "Jovem, sexy, impetuoso, com mais capas no primeiro ano de trabalho que qualquer outro modelo debutante, e uma atitude que diz 'Não estou nem aí, é apenas moda!'" Depois Derek: "Durante a última década, a profissão de modelo masculino viveu na sombra de um único nome, de cinco sílabas: 'De-rek Zoo-lan-der'." A luta mortal vestida de Prada é ao mesmo tempo ridícula e terrível. Não estamos mais em *Fogo contra fogo* e nos tiroteios, mas, para um top-model, a morte social pode ser tão definitiva quanto a morte real. Hansel destrona Derek, que se vê ridicularizado e logo desce ao degrau inferior.

Mas o degrau de baixo pode facilmente virar o mais alto num universo regido pelo desejo mimético, uma vez que, como vimos em *Blow-up*, é possível fazer uma joia de um dejeto. O grande costureiro Mugatu, tornado alto pela costura, mas baixo pelo tamanho, propõe então a Derek tornar-se sua fonte de inspiração e vestir sua nova coleção:

– Permita que eu lhe mostre o futuro da moda. Permita que eu lhe mostre a Deglingue! É um estilo, uma nova forma de viver inspirada pelos sem-teto, os mendigos, as putas, os viciados em crack, tudo que torna incomparável nossa magnífica comunidade, e escolhi você, Derek, para ser o rosto, a imagem... Não: o espírito que encarna a Deglingue. Para você, será um retorno deslumbrante.

O desejo mimético

Mugatu compreendeu que o valor do objeto nada tem a ver com seu valor absoluto. O luxo é a indústria em que mais se percebe a defasagem entre valor real e valor comercial. Ninguém vende o útil, vende o desejável. Nesse caso, a margem de lucro atinge os píncaros. Uma bolsa cuja fabricação vale 40 é vendida a 3.000 na loja. Mugatu leva a lógica ao extremo: radicalizando, por que não tentar infundir o desejo pelo lixo? Custo de produção zero, lucro máximo. Mugatu, gênio da moda e da antropologia, aplica os preceitos descobertos por René Girard ou Primo Levi: num ambiente humano, a maneira mais simples de criar valor é engendrar um desejo mimético. Com uma pitada de Sartre: o que faz nascer o desejo não é o objeto em si, mas o objeto *em situação*. O objeto carregado, animado, salvo por um modelo. Para suscitar o desejo mimético, para iniciar o contágio, ele precisa receber um primeiro impulso. Eis por que falamos do "lançamento" de um produto ou de uma grife. Só desejamos o que parece estar em movimento. Não corremos atrás do já estabelecido. Se, para um modelo, é tão importante aprender a andar, se vale a pena fazê-lo *desfilar*, é porque o *desejo* só pode nascer na procura de um movimento que ele não criou, no qual ele não quer falhar, como se tentasse pegar um bonde *andando*.

4. A loucura do desejo

> "Não me castigue com seu amor!"
>
> CARL-GUSTAV JUNG a SABINA SPIELREIN,
> *Jornada da alma*

Ciúme | O inferno do amor possessivo

Em *Ciúme*, filme inacabado de Henri-George Clouzot, do qual depois Chabrol rodaria outra versão (a partir do mesmo roteiro), o ciúme é o protagonista. Marcel (Serge Reggiani em Clouzot; François Cluzet em Chabrol, com o nome de Paul) está loucamente apaixonado por sua mulher, Odette (Romy Schneider em Clouzot; Emmanuelle Béart em Chabrol, com o nome de Nelly). A princípio mais apaixonado do que louco, a proporção se inverte gradativamente nessa instável mistura, e o monstro do ciúme logo dardeja seus olhos verdes. Verdes e trocistas, como escreve Shakespeare em *Otelo*: "Oh, tomai cuidado, monsenhor, com o ciúme; é um monstro de olhos verdes que zomba da carne de que se alimenta." O ciúme é essa contradição monstruosa, feita de amor e ódio, um ódio ampliado, escavado como uma chaga pelo sal do amor, que ele supõe e ao mesmo tempo inverte. O ciumento sofre acima de tudo por continuar a amar – e amar demais – o objeto de que

A loucura do desejo

suspeita e duvida. O inferno é a mistura. Mas é sobretudo a espiral, o agravamento inevitável: o ciúme cava seu próprio túmulo para nele soçobrar vertiginosamente.

O ciumento alucina o real. Clouzot abusou dos efeitos visuais e sonoros para tornar perceptível essa corrupção do real pelo imaginário doentio. Espiral do delírio, jogos psicodélicos. Rosto monstruoso de Romy Schneider, deformado por luzes caleidoscópicas. A água do lago vermelho-sangue graças a um filtro. Chabrol, por sua vez, não altera a imagem diretamente, mas o som, tornando assim perceptível o surdo trabalho de erosão do ciúme. Para a imagem, ele utiliza movimentos de câmera e direção, sem efeitos especiais: o efeito especial do ciúme basta para tornar insuportável a insistência de um zoom quando Paul espreita no rosto de Nelly os sinais de culpa, ou a inquietude de um travelling quando Paul teme perder a pista de Nelly, a quem segue como se fosse um detetive particular. Chabrol permite-se no máximo uma sobreimpressão, quando Paul, ao volante de seu carro, às imagens da estrada que percorre, superpõe as imagens de seu delírio, no qual Nelly se esbalda com o amante por ele imaginado. O circo armado pelo ciumento não carece de exagero, uma vez que qualquer nada o inquieta. Um nada que é tudo. Depois de seguir Nelly até a cidade e perder seu rastro, Paul termina por encontrá-la na varanda de um bar. Ao atravessar a rua para encontrá-la, quase é atropelado por uma bicicleta. A princípio, ela zomba dele:

– Você anda no mundo da lua, meu amor, no mundo da lua.

– O que você está fazendo aqui?

– Ora, esperando minha mãe.

– Pensei que ela estivesse doente.

– E está, mas você conhece ela, não consegue parar quieta. E você, o que faz por aqui? Espero que não esteja doente, pelo menos...

– Não, estava passando.

– Por quê? Precisou vir à cidade?

(Nervoso, ele acende um cigarro e dá a primeira desculpa que lhe ocorre:)

– O banco, sabe como é...

– Eu não quero contrariar você, mas o banco fica do outro lado da cidade. E o carro, onde está?

(Ele gagueja uma resposta inverossímil.)

– Mas não é possível, você está me seguindo, Paul!

– Por que diz isso? Eu teria motivos para segui-la?

– Não. Mas se você continuar posso muito bem arranjar um motivo.

Como passamos do ciúme à loucura? Existe um enlouquecer no ciúme, pois o ciúme não precisa de provas. Ele as inventa. Em qualquer direção que Paul olhe, ele encontra motivos para imaginar o pior? Por que um ciumento sempre tem razão? Se passa a vida suspeitando da pessoa com quem vive, fica insuportável, e provoca precisamente o que teme e, de modo paradoxal, deseja. O ciumento quer acima de tudo ter razão. Nem que seja em relação a si mesmo. O ciúme sempre alcança seu objetivo, com ou sem a ajuda dos outros. O inferno não são os outros: não precisamos de ninguém para mergulhar no inferno.

Nelly, sem querer, acerta: Paul está doente. Pois o ciumento sofre de uma maneira atroz, na mesma medida de sua razão. Quanto mais soçobra em suas próprias trevas, mais tudo lhe parece claro. O claro-escuro de uma noite sem estrelas. Magnífico plano de Chabrol, no qual Paul, sombra entre as sombras

A loucura do desejo

das árvores que margeiam o lago, destaca-se em silhueta no primeiro plano contra o fundo azul ofuscante da água. Sombra de si mesmo, ele espreita, perscruta, pressente ao longe, na plena luz do verão, talvez a silhueta de sua mulher entregando-se às alegrias culpadas do esqui aquático, em companhia, isso é certo, do amante. É noite em pleno dia, o mundo cortado em dois pela luz. A razão de Paul escurece por ver claro demais. Cegado pelo excesso de luz, o ciúme abole o objeto do desejo no sol doente da suspeita.

A diferença entre o homem normal e o louco não reside na estrutura do desejo, sempre mimético. Ninguém é louco: enlouquece. Enlouquecer, aqui, é perder de vista o objeto e, aos poucos, passar a se interessar exclusivamente pelo modelo. O ciumento fica menos hipnotizado por seu objeto do que por seu rival. René Girard, para expor esse paradoxo, dá um exemplo literário: *O eterno marido*, de Dostoiévski. A lógica do eterno marido assemelha-se à do eterno ciumento. Mas às avessas. Para afirmar seu valor, ele precisa que sua mulher seja desejada por outros que não ele. Sua mulher só tem valor sob a condição de ser desejada por alguém que não ele. É um marido enganado. Sua mulher tinha um amante e morre. Ele está viúvo, esse eterno marido, e conhece a identidade do amante da falecida esposa. Arranja uma noiva, bem bonita, e vai procurar o amante da morta para lhe apresentar a beldade. Um psicanalista poderia dizer que ele está ingressando numa conduta de fracasso ou autossabotagem, isto é, que está repetindo ponto a ponto a primeira tragédia. O que deve acontecer acontece: o irresistível amante seduz a nova noiva. Como interpretar esse comportamento de repetição? Girard diz que não se trata de uma autossabotagem. Decerto há o fracasso, mas o objetivo, ao contrário, tem um sucesso esfuziante. Por que o eterno marido foi procurar o amante? Para avalizar sua nova escolha. Para se certificar de que sua nova mulher é tão desejável quanto a ex, impõe-lhe, à guisa de teste, a aprovação ou não do amante. Se o amante a considerar digna de interesse, é porque ela tem valor suficiente para se casar com ele, e ele pode tirar uma desforra contundente do amante. Claro que isso não dá certo, uma vez que seu problema é não saber desejar de outra forma senão segundo o desejo do outro. Ou porque o objeto de seu desejo é sempre ocultado pela rivalidade. O desejo do eterno marido é ser eternamente incapaz de se concentrar no objeto, privilegiando o rival.

A patologia não está na estrutura mimética, que tem a estrutura normal do desejo, mas começa quando o marido procura voluntariamente o obstáculo, ou pior, cria o obstáculo, para transformá-lo num modelo. O obstáculo, em *O ciúme*, em primeiro lugar é Martineau (Jean-Claude Bercq em Clouzot; Marc Lavoine em Chabrol). Pouco a pouco, porém, ele se encarna em todo mundo, em qualquer um. No filme de Chabrol, Paul acaba suspeitando que sua mulher acorda no meio da noite para transar com os hóspedes do hotel que eles gerenciam. É assaltado pela dúvida radical e loucamente generosa. O ciumento quer brigar com a integralidade do gênero humano. Até o médico que cuida de Nelly depois que Paul a espanca é objeto de suspeita e ameaça. Quando Paul compreende que o médico examinou sua mulher, ironiza maldosamente: "Vejo que botou a mão na massa. Obrigado, doutor, quanto lhe devo?" Sua única relação com o outro é a rivalidade. Sua impotência de suportar os pavores do desejo torna-o inapto para qualquer relação social. Ele vive uma

A loucura do desejo

contradição impossível de se viver: sente ao mesmo tempo necessidade dos outros, para dar valor ao objeto de seu desejo, e a necessidade de se pautar pelo modelo dos outros, criando, portanto, obstáculos imaginários para si mesmo. A simples indiferença do mundo seria um insulto. O fato de alguém ser indiferente à sua mulher fere-o tanto quanto um interesse excessivo por ela. Talvez até mais. Pois não desejar sua mulher é o mesmo que não reconhecer o valor do que ele deseja. Ele é obrigado a supor que o indiferente nunca é um insensível de verdade. Assim, o ciumento passa a ter ciúme do mundo inteiro, precisando rivalizar com todos para ao mesmo tempo confirmar o valor do objeto de seu desejo e confirmar suas suspeitas em relação a ele. Rivalizar com o mundo inteiro não lhe dá medo. Contudo, o destrói. O ciúme não tem saída. Quem envereda por ele...

Jornada da alma | O amor louco?

Jornada da alma (título em inglês: *The Soul Keeper*, "o guardião/ guardiã da alma"), de Roberto Faenza, encena a relação entre Jung (Iain Glen), discípulo de Freud, e uma de suas pacientes, Sabina Spielrein (Emilia Fox), que se apresenta como louca na ala do professor Bleuler. Jung, encarregado do tratamento da moça, tenta aplicar as ideias de Freud, que substitui os eletrochoques e as duchas frias pela *talking cure*, o tratamento demorado que consiste em deixar o paciente falar, exprimir-se, em conceder-lhe a palavra para escutar o que ele tem a dizer. Primeira entrevista, Jung a interroga:

– Por que quer morrer?

– Porque sou má.

– Isso não é uma razão suficiente. E cabe a mim impedi-la de fazer isso. E então, a seu ver, qual de nós vai ganhar, srta. Spielrein? Eu gostaria de testar um novo tratamento. Nada de coercitivo, duchas frias ou correias presas à cama. Consiste acima de tudo em deixá-la falar. A senhorita diz tudo o que quiser. A senhorita fala; eu escuto.

– Eu poderia lhe dizer o que eles fazem em Marte.

– Por favor, o que eles fazem em Marte?

– Lá não há crianças.

– Por quê?

– Porque ninguém faz amor em Marte.

– Como sabe disso?

– Estive lá.

– Eu também gostaria muito de ir.

– Em geral, não prestam atenção quando eu conto esse tipo de coisas.

– A senhorita gosta de crianças. Não tenha medo. Diga-me o que pensa.

– O senhor não pode me curar, doutor.

– Por quê?

– Porque o senhor está bom, e eu não.

– E daí?

– E daí? Sei que não pode me compreender.

"O senhor está bom, e eu não." Haveria uma diferença de natureza afirmada pela louca que faria com que ela fosse a única a poder compreender o que sente. Segundo Girard, o problema da psiquiatria é que ela dá razão aos doentes. De

A loucura do desejo

certa maneira, a medicina serviria apenas para confirmar os loucos em seu delírio, que lhes permite ser singulares. O louco quer ser designado como singular. Aliás, para Girard, quando alguém pensa que é o único entre os demais, aí está o começo da patologia. Pois a realidade é o duplo: passamos nossa vida desejando como os outros, desejando segundo modelos externos. Quando não aceitamos reconhecer isso, quando pensamos que podemos realmente desejar por nós mesmos, é que enlouquecemos. Ideia bem espantosa, porém muito interessante. A medicina, ao criar categorias como "paranoia", "esquizofrenia", ao falar da alucinação do duplo etc., limitou-se a objetivar fantasias, justamente aquelas que o Romantismo criara. O que é o Romantismo? A ilusão, ou pior, a mentira do indivíduo como ilha. O Romantismo afirma a insularidade do indivíduo, incompreensível do exterior: se estou louco e você não, você não pode me compreender.

Ora, para Girard, o homem normal e o louco não diferem em natureza, mas em grau. O triângulo é a estrutura natural do desejo. Se B imita o desejo de A, que incide sobre o objeto X, então A, B e X formam um triângulo. Mas esse triângulo não é estático, não é simplesmente formado de pontos que seriam seus vértices, mas de forças capazes de variar tanto em direção quanto em intensidade. São suas interações que arrastam ou não o desejo rumo à patologia. Grosso modo, podemos distinguir:

1. A possui ou deseja X.
2. B imita o desejo de A, que ele toma como modelo.
3. A torna-se assim rival de B. O modelo vira obstáculo.
4. A rivalidade entre A e B pode produzir o esquecimento do objeto da disputa X.

5. A, porque B se coloca como rival e deseja X, vê seu desejo por X aumentar. O próprio modelo é prisioneiro do mimetismo.

As etapas 4 e 5 são ao mesmo tempo complementares e contraditórias. À medida que a rivalidade prevalece sobre o objeto que é sua causa e o ofusca, ela aumenta de valor. Em *Ciúme* de Chabrol, à medida que Paul fixa sua obsessão sobre o rival Martineau, amante hipotético de sua mulher, o valor desta mulher aumenta aos seus olhos. Constatamos, porém, que é um valor artificial, todo feito de mimetismo. Não é o amor por Nelly, é ódio por seu amante. Essas "etapas", que não são etapas de verdade, pois nem sempre se apresentam nem são obrigatoriamente sucessivas, seriam mais bem designadas como "possibilidades" do desejo mimético. E alguns desses possíveis são, propriamente falando, patológicos, podendo exacerbar-se ou degradar-se em loucura.

Um dos problemas da psiquiatria, avalia René Girard, é o caráter estático de seus modelos. Na psiquiatria, diz ele, não se explica o agravamento, só se pode constatá-lo e procurar tratá-lo. Girard propõe o seguinte modelo dinâmico: se desejamos sempre segundo o desejo de um outro, a patologia começa no momento em que essa rivalidade com o modelo-obstáculo prevalece sobre o objeto da rivalidade.

Essa fixação na rivalidade explica o agravamento. Como? Seres humanos não são objetos inanimados. São sujeitos que reagem ao que é projetado sobre eles. Não retribuir um sorriso é correr o risco de entrar numa espiral de hostilidade. Esse efeito de espelho, essa reciprocidade provocada por qualquer atitude humana, é a fonte de todo agravamento. Acredita-se

A loucura do desejo

que o louco está sozinho, ao passo que na realidade ele está sempre numa relação de rivalidade com um duplo imaginário ou real, pouco importa. O agravamento de seu estado explica-se pela posição de seu rival imaginário. Se o rival está por cima, ele está por baixo; se está por baixo, ele está por cima. E assim por diante. Cada vez pior. "É então a própria lógica do desejo mimético que liberta o sujeito em detrimento dele mesmo. O próprio desejo se destaca pouco a pouco do objeto para se fixar no modelo, e o agravamento dos sintomas já é esse movimento, pois comportar-se de maneira normal não é escapar ao desejo mimético – ninguém pode escapar dele –, mas é não sucumbir a ele a ponto de perder de vista todo objeto e de se concentrar só no modelo" (*Des choses cachées depuis la fondation du monde*).

Aí reside a diferença entre o louco e o normal. O normal vai aceitar o obstáculo e eventualmente lutar contra ele, o louco vai se interessar apenas pelo obstáculo, esquecendo o objeto. Em *Ciúme* de Chabrol, Paul termina obcecado pelos amantes imaginários da mulher, muito mais do que por ela. Qual a lógica dessa loucura? À proporção que o obstáculo o impede de alcançar a finalidade de seu desejo, o valor desse objetivo aumenta. Logo, forjar obstáculos, fixando-se no rival ou nos rivais para aumentar o valor do que desejamos, não é absurdo. A loucura despenca por uma ladeira lógica, mas mesmo assim ladeira.

O louco tem uma sensibilidade mais aguda ou mais rudimentar, dá no mesmo, diante do que constitui a sutileza das relações humanas. As relações humanas são sutis, enlouquecer é percebê-las de maneira tosca, mas com excesso de sensibilidade. O louco vai mais longe que o homem normal, pois leva seu desejo a sério, tentando a todo custo fazê-lo triunfar, e é isso o que o enlouquece. A loucura não é um estado de natureza de determinados indivíduos, é tão somente uma revelação das estruturas do desejo em indivíduos a quem faltam filtros, que têm uma apreensão aproximativa das relações humanas. O louco é aquele que, em vez de se pautar por objetos, concentra-se nas relações sem dominar a regra das trocas. René Girard conclui: "Ser racional ou funcional é ter objetos e ocupar-se deles. Ser louco é deixar-se dominar completamente pelos modelos do desejo. Logo, realizar a vocação desse desejo é levar até as últimas consequências o que o distingue – aliás, de maneira relativa – da vida animal. É entregar-se ao fascínio pelo modelo à medida que ele nos resiste, à medida que ele nos violenta."

O doutor Jung tenta reconduzir sua paciente à normalidade, prendê-la ao mundo dos objetos. Ele alimenta certa esperança depois de vê-la fabricar objetos, ela é capaz de criar, de ter criatividade. A propósito, ela canta muito bem.

– A senhorita canta magnificamente. Eu também gosto de esculpir, mas prefiro a pedra ao barro. A senhorita tem muito talento. Onde aprendeu isso?
– Meu tio me ensinou. Na Rússia.
– Ele é escultor?
– Não, é alquimista. Me ensinou a fazer papel com retalhos de pano.
– Sério? Curioso, também gosto de fazer experiências relativamente pouco ortodoxas.

A loucura do desejo 115

– Que tipo de experiência, por exemplo?

– Às vezes pressinto certos acontecimentos, sou um pouco médium, se preferir.

(*Ela ri e cai no chão.*)

– Acabo de perder minhas pernas.

– A senhorita cai muito desse jeito?

(*Sabina vê uma mulher observando-a pela janela.*)

– Quem é essa mulher nos espiando?

(*Quando Jung olha, a mulher desapareceu.*)

– Não vejo ninguém.

– Há uma mulher naquela janela, está olhando para mim.

– Esse apartamento é meu, não vejo nenhuma mulher. A senhorita não me respondeu. Já lhe aconteceu cair desse jeito antes?

– Aconteceu uma vez.

– Quando?

– Minha gata teve filhotes. Eu disse que queria fazer como ela. Meu pai ficou fulo de raiva comigo. Mas minha mãe disse que não havia mal em querer filhos, que afinal eu estava virando uma mulher.

(*Ao dizer isso, ela mostra um seio. Jung faz um movimento de recuo.*)

– Não tenha medo. Eu só queria lhe mostrar como teria alimentado meus filhinhos.

É o início da cura, mas não a cura, uma vez que ainda lhe falta, em vocabulário freudiano, um superego. Um superego é a interiorização dos interditos sociais. Enquanto ela não compreender que não pode mostrar os seios em público, a menos que de fato esteja amamentando uma criança, falta-lhe alguma coisa: aquela sutileza antes mencionada, necessária ao controle das trocas humanas. Mas nem por isso essa relativa inadaptação significa uma diferença de natureza entre paciente e médico. Aliás, eles têm muito em comum: ambos modelam objetos. Ela em argila, ele em pedra. Ela mais plástica, ele mais consciente da resistência do mundo. A loucura não suporta a resistência do real, construindo, portanto, na definição da psicose, um mundo onde nada resiste. Quando temos um desejo estamos numa encruzilhada. Ou decidimos satisfazê-lo de maneira imaginária, no sonho, por exemplo, ou decidimos materializá-lo na realidade e, logo, trabalhar. Toda a dificuldade consiste, como Freud disse, em encontrar o equilíbrio entre essas duas necessidades humanas: amar e trabalhar.

Jung, discípulo de Freud, conclui que deve fazer sua paciente compreender que entre ele e ela não existe diferença de natureza. Consegue isso tão bem que ela começa a melhorar, e ele obtém a saída dela do hospital sob a condição de ir a seu consultório duas vezes por semana. Ela gostaria de ir mais vezes. O fenômeno clássico da transferência faz com que Sabina se apaixone pelo médico. Porém, ao aceitar prestar-se a uma inversão lúdica e terapêutica dos papéis, contando-lhe inclusive os próprios sonhos para equilibrar a troca com essa paciente fora das normas, ele corre o risco de uma contratransferência. Se ela conta seus sonhos, ele deve contar os seus. Se ele conta seus sonhos, revelando-se, não corre o risco de se abrir para um sentimento mais íntimo?

– Vamos nos entediar falando sempre dos meus. E se me contasse um dos seus?

– Não tenho certeza de que isso seja aconselhável, considerando que sou seu médico. Mas, como é a senhorita, vou abrir uma exceção. Vou lhe contar o sonho que tive essa noite. Havia um cavalo

A loucura do desejo

muito grande, um garanhão que corria e empinava. Homens tentavam dominá-lo, mas ele só fazia o que lhe dava na cabeça. Um dia, um potro chegou trotando, e ele se acalmou imediatamente.

(Sabina lança então o tradicional jogo da associação livre:)

– Garanhão.

– Treinador.

– Disciplina.

– Discípulo.

– Mestre.

– Freud.

(Sabina interpreta:)

– Freud o assusta, e o senhor acha que é preciso agir como um potrinho educado em sua presença.

– Provavelmente.

– É possível que o seu sonho seja um sinal de sua insatisfação.

– Veja bem, terminamos por inverter os papéis. Que tipo de insatisfação a senhorita tinha na cabeça?

– Sua insatisfação sexual.

(Por um instante, Jung parece paralisado. Sabina:)

– Falei alguma coisa de que o senhor não gostou?

– A senhorita vê o amor em toda parte, não é?

– É a força que guia o mundo. O senhor mesmo disse que não era possível tratar sem amar, lembra-se?

(Jung consulta o relógio. Espontaneamente, Sabina levanta-se para ir embora:)

– Está na hora.

(Enquanto ela se dirige para a porta, Jung segura-a pelo braço, depois lhe acaricia o rosto, antes de se recobrar:)

– Perdoe-me, perdoe-me.

– Perdoá-lo?

– Às vezes eu não sou mais senhor dos meus atos.

– Como fico feliz que isso também aconteça com os médicos.

A inversão, a princípio com finalidade terapêutica, começa a produzir consequências patológicas na vida do doutor Jung. A interpretação de Sabina relativa à rivalidade com Freud está próxima do que Girard escreve: "Naturalmente, a maioria dos intelectuais afirma não rivalizar com ninguém, no máximo se preocupam em sobressair em seus respectivos domínios, o espírito de competição não faz seu gênero. Por conseguinte, todos têm consciência de que o obstáculo em aparência mais insignificante pode engendrar um terrível ressentimento. Como o mundo intelectual é desprovido de hierarquia, e portanto privado de critérios objetivos, todos os seus integrantes estão fatalmente submetidos ao julgamento indireto de seus pares. Na verdade, nesse mundo, o número de indivíduos passíveis de afecções paranoicas é considerável."

De uma maneira geral, as rivalidades nos meios intelectuais são ao mesmo tempo as mais virulentas e as mais dissimuladas. A luta por puro prestígio, definida por Hegel, aplica-se igualmente às relações entre intelectuais. Se Nietzsche enlouqueceu, foi, segundo Girard, porque viu-se preso num triângulo com Wagner. No início de sua trajetória, Nietzsche enalteceu Wagner, tomou-o como modelo, talvez até como ídolo. Depois, com esse modelo transformado em obstáculo, e obstáculo insuperável, Nietzsche decidiu suprimi-lo, substituí-lo por outra coisa, por Bizet, Offenbach, por adversários insignificantes para ele. A loucura de Nietzsche teria como origem uma rivalidade imaginária com Wagner, que ocupava o primeiro lugar no mundo intelectual alemão, lugar pretendido por Nietzsche

A loucura do desejo 119

e que seus contemporâneos terminaram por não lhe conceder. Atenção, diz Girard, não é porque se proclama um gênio, em todas as partes de sua obra, que Nietzsche não duvidava de que era um gênio. Talvez até o contrário. A única maneira de escapar a essa dúvida teria sido a loucura, pois a loucura o distingue de forma inapelável. É uma eleição, às avessas naturalmente, uma eleição negativa, mas é a afirmação de uma singularidade absoluta. Quando nos julgamos absolutamente diferentes dos outros, a única maneira de dar vida a essa ilusão é a loucura.

Sabina, por sua vez, está de volta dessa ilusão. Podemos dizer que está curada porque assimilou o fato de que é preciso levantar e ir embora quando a sessão terminou. Aceitar a hora é curvar-se ao tempo dos outros, é reconhecer que somos como todo mundo. Vamos embora quando não temos mais nada a dizer, vamos embora quando está na hora. A hora da despedida, e não é mais ele que observa isso, é ela. O primeiro a quebrar o protocolo é o médico, que acaricia a paciente.

O bondoso doutor Jung faz uma confissão de tipo freudiano: não é mais senhor dos seus atos. Segundo Freud, o eu não manda em sua casa por dois motivos: em primeiro lugar, a vida instintiva da sexualidade não poderia ser completamente domada dentro de nós, em segundo, os processos psíquicos são inconscientes. Logo, por que motivo o psicanalista escaparia deles? É um homem como os outros, e aí está a dificuldade de sua vida. Por uma misteriosa transferência de patologia, no momento em que a paciente volta à luz, o médico mergulha na noite. Perde o controle, a relação se inverte. A ponto de Sabina parecer até mais ousada em matéria de exploração dos mistérios do inconsciente que o próprio Jung. Numa exposição de

Klimt, onde se encontram por acaso, diante do quadro que estampa Judith e Holofernes, Sabina o questiona, guiando a troca:

– Na sua opinião, por que Judith matou Holofernes? Surpreso de me ver aqui?

– Porque Deus lhe ordenou. Para salvar seu povo.

– Primeiro ela o seduz, depois corta-lhe a cabeça. Observe seu rosto. Ela parece uma pessoa que executa as ordens de Deus?

– O que sugere, srta. Spielrein?

– Preste atenção. Seus olhos, a sensualidade da boca, o peito desnudado, a mão enfeitada com joias, os dedos agarrando os cabelos. Não, Judith não matou Holofernes para obedecer a Deus.

– Então por quê?

– Matou-o porque o amava.

– Confesso... que a senhorita acaba de me dizer determinadas coisas que me chocam.

– Sério? Nunca poderia imaginar que fosse possível chocar um pesquisador do inconsciente.

Isso está longe de surpreender um Deleuze: "Fato é que a psicanálise fala muito do inconsciente, ela inclusive o descobriu. Mas, na prática, é sempre para reduzi-lo, destruí-lo, conjurá-lo. O inconsciente é concebido como um negativo, é o inimigo." E, finalmente, Sabina tem muito menos medo do inconsciente que Jung. É ela quem passa a guiá-lo. Ele aos poucos irá se abandonar. Sabina:

– Quer saber o sonho que tive à noite?

– Sim, com prazer.

– Acho que preferiria mostrá-lo.

A loucura do desejo 121

– Mostrar... um sonho? É incrível. A senhorita parece tão...

– Diferente?

– Mudada.

– Borboleta.

– Magnífico.

– Natureza.

– Comida.

– Gatinho.

– Abraçar.

(*Eles fazem amor. Ela comenta:*)

– No meu sonho, não era tão bonito assim.

– A senhorita me faz descobrir coisas que nunca senti antes.

(*Jung está atônito. É ela quem o chama ao dever:*)

– Precisa ir embora.

– Eu sei. Um dia podemos passar uma noite inteira juntos?

Ele se aconchega a ela. O doutor Jung em posição de regressão fetal. Conseguiu. Um pouco bem demais. Ele nos prova, provou para ela, provou para si mesmo, que entre a loucura e o amor havia tão pouca diferença que, embora tenha sido capaz de ir capturar a paciente para fazê-la passar da loucura ao desejo, se ele entrar no desejo corre o risco de enlouquecer. Paixão: doença. Na ópera, onde Jung e Sabina saíram como um casal, no meio da récita, Jung, tonto de emoção, é obrigado a sair ao saguão para se recuperar do pranto. Ela junta-se a ele, pega-lhe a mão, leva-a ao seu rosto.

– Você está tão frio. O que houve?

– É porque estou muito feliz.

– Então, por que chora?

– "Que felicidade maldita!" Era o que minha mãe me dizia quando éramos pequenos. Na verdade ela deveria dizer bendita. Mas acho que tinha razão. Que felicidade maldita!

(Ela o beija na boca, ele retribui o beijo. Depois senta-se sobre ele:)

– Quero ter um filho seu. Aqui. Agora. Quero conceber uma criança.

– O que está dizendo? Está louca!

(Ela ri:)

– Claro que estou louca, você foi o primeiro a diagnosticar. Depois cuidou de mim, e agora não estou mais louca.

Quem está louco? Será que é ela que continua louca, coisa de que ele toma consciência no momento em que quer fazer um filho? Ou é ele, que, de forma mais prosaica, tem medo do amor? Tem medo da loucura ou do amor? Quem tem razão? Ela ou ele? Impossível decidir.

Na cena seguinte, o doutor Jung dirige-se espontaneamente ao doutor Freud para lhe pedir conselho: "Meu caro professor Freud, uma de minhas ex-pacientes, que sempre tratei com o maior respeito, hoje corre o risco de destruir minha vida inteira, só porque lhe recusei o prazer de conceber um filho com ela. Ela se apaixonou por mim. Virei seu pai, seu amante, seu marido. O que posso fazer? Pedir-lhe que se controle não adianta nada. Sei que o senhor me responsabilizará por isso, mas a paixão realmente não leva em conta a lógica e a razão. Sou culpado, sim, culpado de ter sido vítima de meu próprio desejo, mas, como o senhor mesmo disse, o amor é a coisa mais próxima da psicose. O amor é uma loucura! Uma verdadeira loucura!" Ele quebra a estátua que estava esculpindo, que lembra vagamente Freud, a golpes de buril e martelo. Ei-lo, o

A loucura do desejo 123

doutor Jung, tremendo na fronteira entre amor e psicose. Por que o amor e a psicose são tão próximos?

O desejo amplia o objeto. É o que fazemos também na hipnose, ampliamos um objeto, que logo ocupa todo o espaço. Quando caímos apaixonados, caímos – de toda forma, há uma queda, uma vez que caímos do real –, ficamos isolados, sozinhos, ou, mais precisamente, o objeto sobre o qual incide o amor torna-se o único a ter valor. O amor faz o mundo desaparecer. Você ama um único ser e o mundo lhe escapa. Perder o mundo é entrar na psicose. O doutor Jung não é feito para o amor. A paixão o aniquila. A intensidade do sentimento toma conta dele e o esfacela. Ele não consegue mais trabalhar, pensar e viver. Em desespero, muito a contragosto, vai pedir ajuda àquela que lhe faz mal. Ele se tornou, numa irônica inversão, o paciente de sua paciente. Leva-lhe um buquê de flores. Ela se atira no seu pescoço, pega as flores e cheira-as amorosamente:

– Vamos, entre, por que ficou na porta?

– Tenho que lhe confessar uma coisa.

– Quer terminar a nossa relação?

– Sabina, seja razoável. Minha mulher...

– Emma não quer perdê-lo.

– Para o bem de todos, eu lhe suplico, tente recalcar seus sentimentos em relação a mim.

(*Ela joga-lhe as flores na cara. Ele continua:*)

– Entenda, em nome dos céus, temos que evitar o escândalo.

– Você é que deveria tentar entender. Está rejeitando o que há de melhor em você. Nosso amor é a coisa mais bonita do mundo.

(*Ela tenta beijá-lo. Ele a segura pelos braços:*)

– Você me ama porque a salvei. Tem de me ajudar agora.

– Por que o ajudaria?

– Essa paixão... vai terminar por me destruir, por destruir a nós dois.

– Mas isso não é magnífico?

– Não, claro que não, é falso, não é magnífico, por misericórdia, me escute.

– Estou pronta, continue.

– Não podemos continuar a nos encontrar, talvez você pudesse vir à minha casa e ficar amiga de Emma.

– Como? Isso é desprezível!

– Às vezes devemos ser desprezíveis para poder sobreviver. Antes de nos encontrarmos, eu tinha meu trabalho, minha família, não temo por eles. Agora estou doente, Sabina. Dê-me um pouco do amor, da paciência que lhe dei. Não me castigue com seu amor.

(Ela pega um estilete e se lança sobre ele para apunhalá-lo.)

– Você não pode me abandonar. Não pode me abandonar!

(Ele a domina com facilidade, ela soluça estirada no chão.)

A inversão agora é completa. O doutor Jung apresenta-se como doente, e, fato raríssimo numa análise, pede a uma paciente para se reprimir. Jung teme a doença – e o escândalo. Sabina encarna uma força grande demais para ele. Ela dispõe de um saber superior ao seu, e ei-lo desarmado. René Girard, num livro intitulado *Celui par qui le scandale arrive*, afirma que o escândalo consiste sempre em revelar a verdade de um desejo. Fazer escândalo é desvelar a verdade do desejo. É isso que é intolerável no escândalo, o que o torna propriamente escandaloso: aquele que provoca o escândalo está à frente dos escandalizados, sabe alguma coisa sobre o desejo que eles não suspeitam ou não querem admitir. Sabina diz a Jung: você

A loucura do desejo 125

acha que viverá melhor se me deixar, mas está traindo seu próprio desejo, você está a ponto de machucar a si mesmo. Totalmente decidida a provocar o escândalo que Jung diz temer, revelando a verdade, Sabina se veste e se dirige a seu reflexo no espelho.

> – Vejamos. Você acha que eu não deveria mais assediá-lo simplesmente porque o amor o assusta.
> (*Aplausos no fim de uma conferência de Jung. Ela se apresenta à plateia:*)
> – Como vai? Sou a amante do doutor Jung. Nós não nos conhecemos, sou a amante do doutor Jung, estou encantada que tenham podido comparecer, sou a amante do doutor Jung, vou para cama com o doutor Jung, sou eu a amante dele, meu nome é Sabina Spielrein, sou a amante do doutor Jung...

Volta à realidade. Depois desse ensaio imaginário bemsucedido diante do espelho, Sabina deixa seu apartamento com um passo guerreiro. Na sala de conferências, entra sob os aplausos destinados a Jung, que acaba de encerrar sua elocução. Ele a percebe e, bastante constrangido, baixa os olhos, depois junta-se à sua mulher, Emma, sentada na primeira fila. Em vez de se dirigir a Jung, Sabina fala com um homem parecido com ele:

> – Eu tinha vindo com a intenção de humilhar você. Mas agora que estou aqui, quero simplesmente tranquilizá-lo e dizer-lhe que sempre o amarei. Eu desejava morrer e eis-me aqui, vivíssima. É ao senhor que devo isso, nunca vou esquecer.
> – Sinto muito, receio que esteja me confundindo com outra pessoa.

126   *Filosofando no cinema*

– Agora preciso ir, mas não se preocupe, nunca mais lhe causarei aborrecimentos. Sua mulher deve saber que não tenho nenhuma crítica contra ela, tenho certeza de que é uma pessoa maravilhosa, e sem dúvida alguma é maravilhosa, porque o senhor a escolheu. Diga-lhe que lhe desejo toda a felicidade do mundo. Como desejo ao senhor.

(Ela gira nos calcanhares e desaparece, em lágrimas. O doutor Jung interpela-a a meia-voz, sem ir atrás dela:)

– Srta. Spielrein!

(Mas ela não se voltará.)

Após o escândalo imaginário tão satisfatório diante do espelho, por que ela faz o escândalo real? E por que se dirige a um desconhecido, e não ao próprio Jung, ainda que sejam parecidos, mesmo corte de cabelo, mesmo bigode, mesmo desenho de rosto? Seria um engano de sua parte, seria o sinal de sua loucura? Seria a prova de que ela perdeu qualquer senso do objeto e do real, alienada por sua obsessão? Ou, de maneira muito mais sutil, não seria o sinal de que está em plena posse de suas faculdades e soube encontrar ao mesmo tempo as palavras e a atitude para dirigir ao doutor Jung um adeus comovente, dilacerante e socialmente aceitável?

Falando em voz alta a um outro que não Jung, ela pode ser ouvida por ele, por sua mulher e ao mesmo tempo expor-se socialmente como louca, o que torna seu discurso aceitável para todos. Consegue assim exprimir seu amor e seu reconhecimento em público, sem com isso fazer escândalo. Essa cena de rompimento bem-sucedida e original é o sinal de sua cura definitiva. Seu desejo, sem desistir de sua verdade, soube inventar uma maneira de se fazer ouvir em sociedade. Ela

A loucura do desejo 127

não precisa mais de Jung. Eis por que não se dirige mais a ele. Essa separação marcará um novo começo para ela. Logo será reconhecida como grande psicanalista. Aquela pela qual o escândalo se dá sabe sempre a verdade do desejo.

Estranhos prazeres | A droga do prazer

Estranhos prazeres, de Kathryn Bigelow, nos mergulha na vida de Lenny Nero (Ralph Fiennes), ex-policial, traficante de tipo muito peculiar, uma vez que oferece a seus clientes pedaços da vida de outras pessoas, graças a um misterioso procedimento de gravação das emoções do córtex chamado Squid (polvo). Vamos escutá-lo fazendo a propaganda de seu produto a um cliente potencial no discreto ambiente de uma boate:

– Preste atenção, tenho antes que lhe explicar o método, ok? É diferente da TV, é cem vezes melhor. É a vida. Um pedaço da vida pessoal de outro, a realidade pura, inteira, tal como aparece pelo córtex cerebral: você está lá, você vê, você ouve, você sente. Você faz as coisas que o outro faz. Que tipo de coisas exatamente? Cabe a você decidir o que tem vontade de ver, tudo que tem vontade de ser ou de fazer. Quer praticar esqui na sua casa? Fácil. Mas uma pessoa do seu tipo, se quiser esquiar, vai pegar o avião. Não, não é isso que o interessa, você é... é tudo que é proibido, o fruto proibido, tipo entrar num restaurante com uma Magnum 357 para sentir toda a adrenalina que pulsa em suas veias. Melhor, está vendo aquele sujeito ali com aquela pantera exótica? Não quer ser aquele sujeito durante vinte minutos? Os vinte minutos importantes. Posso fazer isso por você, sem que isso arranhe seu casamento.

– É tentador.

– Claro, tenho tudo que você quiser. É verdade, tudo que desejar, só precisa dizer uma palavra. Confie em mim, acredite em mim, sim, sou seu padre, sou seu psiquiatra, conectarei você no padrão das fantasias que o obcecam. Sou o Papai Noel que realiza os desejos inconscientes. Basta dizer ou sonhar, e você terá. Quer uma garota? Quer duas garotas? Na verdade, ainda não conheço suas fantasias; Quer um garoto? Ou quem sabe entrar na pele de uma garota? Pense nisso, ser uma garota, saber o efeito que isso causa. Ou gostaria que uma freira o chicoteasse? Tudo é possível.

– Claro que isso tudo não é de graça.

– Vamos falar de dinheiro, mas antes lhe ofereço uma amostra do que tenho. Tenho uma fita prontinha.

– O quê? Aqui?

– No meu escritório, venha.

O que oferece o Papai Noel traficante? Resolver a equação impossível do desejo mimético: tomar o outro como modelo, ao mesmo tempo suprimindo-o como obstáculo. Esse sistema permite desejar de acordo com o desejo do outro, mas sobretudo tomar o outro como modelo sem que ele se torne um obstáculo. Ocupamos o lugar do outro continuando no nosso lugar. À primeira vista sem perigo. O tipo de satisfação que ele promete repousa evidentemente numa estrutura triangular, uma vez que se trata sempre de desejar segundo o desejo do outro. O outro é um modelo, é a estrutura normal do desejo; anormal, aqui, é ocupar o lugar do outro sem luta, sem rivalidade, sem resistência. Em outros termos, tudo se torna possível. É para isso que existe a droga. A droga suprime

A loucura do desejo

a resistência do real. Você pode desejar segundo o modelo de qualquer um, você tem a escolha, e esse modelo não lhe oporá resistência alguma, você não esbarrará em qualquer obstáculo.

Como bom Papai Noel, Leny distribui presentes. Faz uma visita a Tex, um VJ sem pernas que dança numa cadeira de rodas, eufórico, entregue à alegria de mixar fragmentos de filmes que passam na boate onde ele trabalha.

– Olá, Tex.

– Tudo certo, meu irmão?

– E essas porras de pernas não crescem de novo?

– Por enquanto não, mas tenho certeza de que em breve crescerão.

– Veja, trouxe isso pra você, você vai gostar, é para você, um presente surpresa, joia milenar, Tex.

Tex se concentra e fecha os olhos O presente de Leny ganha forma; Tex recuperou as pernas e faz jogging numa praia. Passa por uma náiade sublime que o cumprimenta com voracidade promissora. Quando Tex reabre os olhos, uma imensa tristeza se apodera dele. A efêmera felicidade de ter recuperado as pernas é extinta pela triste lembrança de que as perdeu. O presente de Lenny era bem-intencionado, mas a maneira de satisfazer o desejo continua calcada num modelo de compensação efêmera, que o faz sempre reencontrar o real com amargura. À medida que julga oferecer satisfações, ele aprofunda a insatisfação de maneira encantadora mas cruel. Inclusive para ele mesmo. Generoso Papai Noel, padre à sua revelia, porém mau psiquiatra. Acima de tudo, Lenny comete um erro grave, de traficante novato: ele consome o que vende. Ao mesmo tempo seu melhor cliente e seu pior inimigo, Lenny repassa os melhores momentos de sua própria vida. Basta-lhe fechar os olhos e se conectar a um clipe para reviver um momento em companhia de Faith (Juliette Lewis), na época da felicidade partilhada e da intimidade feliz. Perturbado, acha-se simultaneamente sentado em seu quarto na penumbra, sozinho, bêbado, e fazendo amor com ela, ou fazendo amor com um fantasma no passado, um passado que não passa:

– Ah, minha gata, minha gata!
– Adoro seu olhar, Lenny. Seus olhos sabem olhar.

Quando a gravação chega ao fim, o retorno ao real é doloroso, pior que um *coitus interruptus*, uma lembrança (de *coitus*) *interrupta*. Reviver sozinho um momento que foi partilhado naturalmente acentua a solidão. Mas o problema aqui não é apenas se fechar na solidão, é querer o retorno desse momento quando o outro não está mais presente, em sua ausência e na ausência de seu desejo. Sartre, em *O Ser e o Nada*, observava que "um olhar não pode se olhar: assim que olho para o olhar, ele desaparece, não vejo senão olhos". Mas o olhar que persegue Lenny após a ruptura é o de Faith. Ele revive indefinidamente o momento em que ela olhava seu olhar, mas como ele agora só olha com um olhar gravado, o olhar que ele revive e revê é vazio. O desejo do outro não é um filme que possamos passar a nosso bel-prazer. O desejo do outro, só o outro conhece e encarna. A reciprocidade amorosa não é passível de garantia. Querer encerrar o outro em seu desejo passado é condenar-se a um futuro vazio, morto.

A loucura do desejo 131

Eis outro devir patológico do desejo: querer que o outro se ajuste indefinidamente ao momento que dividimos com ele. É um desejo inscrito no desejo, um desejo de eternizar o desejo. Mas o desejo por natureza é livre. O desejo nada pode prometer, ele não conhece a palavra sempre. Enfim, nem sempre.

5. O tempo do desejo

> Mesmo que os amantes se percam,
> continuará o amor,
> e a morte perderá o seu domínio
>
> DYLAN THOMAS*

Réquiem para um sonho | A falta

Ser humano é estar em falta. E o desejo só poderia desabrochar contra um fundo de carência. É o que declara Aristófanes, um dos convidados do *Banquete* de Platão. É o dia seguinte à festa, todos ainda estão de ressaca. Decidem beber menos e falar mais, substituindo uma embriaguez por outra. Todos deverão apresentar, sucessivamente, sua definição do amor. Quando chega a vez de Aristófanes, as coisas ficam interessantes: grande contador de histórias, ele cria o mito da androginia primordial e afirma que o amor teria como origem uma desavença entre homens e deuses. Os homens, na época, não tinham a mesma forma de hoje: eram esféricos, com quatro braços, quatro pernas, duas cabeças, criaturas dotadas de um

---

* "E a morte perderá o seu domínio", in *Poemas reunidos de Dylan Thomas*, trad. Ivan Junqueira, Rio de Janeiro, José Olympio, 2003.

O tempo do desejo 133

poder preocupante, em outras palavras, uma ameaça para os deuses: "Zeus cortou os homens em dois, como cortamos uma maçã para deixá-la secar, ou um ovo cozido com um fio de cabelo. Todos assim divididos, ele recomendou a Apolo girar-lhes o rosto, a fim de que, vendo-se de tal modo mutilado, o homem fosse mais moderado; quanto ao resto, que o curasse! Uma vez realizada essa divisão da natureza primitiva, eis que cada metade, desejando a outra, procura-a."

Belíssimo mito, e engraçado também, pelo ridículo que introduz na nostalgia amorosa da metade perdida. Amar é sentir falta da metade que perdemos e tentamos recuperar. A falta seria portanto a essência do desejo, e o reencontro com o outro, um sonho previamente condenado. *Réquiem para um sonho*, de Darren Aronofsky, explora, como o título indica, a banalidade desse sonho e descobre a ferramenta cinematográfica mais simples para exprimir sua contradição interna; a *split screen*, ou tela partida em duas. O filme nos apresenta um rapaz, Harry (Jared Leto), e uma moça, Marianne (Jennifer Connelly), tão apaixonados um pelo outro que parecem literalmente inseparáveis. Harry e Marianne são como as duas faces da mesma moeda: perfeição plástica, semelhança física, descontando a diferença sexual, tão leve quanto possível – o rapaz, imberbe, é suficientemente andrógino para criar uma perturbadora impressão de dublê. Eles se encaram e dialogam em espelho, igualmente fascinados por seu amor recíproco:

– Sabe o que eu acho? Você é a garota mais bonita que eu já conheci.

– Sério?

– Pensei nisso quando vi você pela primeira vez.

134   *Filosofando no cinema*

– Obrigada, Harry. Isso me deixa muito contente. Houve quem me dissesse isso antes, mas não fazia sentido.

– Por quê? Você achava fingimento, é isso?

– Não, não, não é isso, não sei direito, estou me lixando completamente para o que eles pensavam. Vindo deles, isso não tinha sentido nem realidade, mas quando você fala, eu entendo. Entendo de verdade.

– Sabe, com você eu poderia virar alguém direito.

– Você acha isso?

Sim, ele acha. Acredita no andrógino primordial: "com você", ser alguém, re-formar um ser completo. No começo acreditamos que estão realmente frente a frente, provavelmente numa cama, sem dúvida após fazer amor. É isso na realidade filmada, mas não no filme: eles nos são apresentados numa *split screen* que não é imediatamente perceptível – uma vez que a tela é de fato dividida em duas, a fronteira entre as duas imagens justapostas a princípio é invisível, diluída na penumbra. Temos ao mesmo tempo dois rostos face a face, juntos na tela, e dois rostos separados na imagem. Essa *split screen* habilmente disfarçada, num primeiro momento, dá a ilusão de que os dois personagens estão no mesmo plano, no mesmo espaço, embora estejam em duas imagens paralelas, suturadas pela margem vertical. A pergunta imposta por essa maneira de filmar: será que esses paralelos podem se comunicar ou estamos sempre ironicamente numa *split screen*, cada qual reduzido a existir no âmbito de seus limites, de seu espaço próprio, de seu corpo? Seria possível um encontro de verdade quando estamos fundamentalmente separados? Talvez, dado que por momentos essa *split screen* some e ficamos de fato cara

O tempo do desejo

a cara, com a *fusão* de dois espaços distintos. Aliás, há dissimetria entre som e imagem: mesmo quando a tela os separa, a fala os reúne: "Mas quando você fala, eu entendo. Entendo de verdade." Ouvir-se é de fato entender e partilhar alguma coisa, pelo menos para o ouvido, uma vez que as palavras trocadas e sobretudo seu sentido podem ser ditos comuns. Temos ao mesmo tempo na imagem uma separação e na linguagem uma reunião. E quando a *screen* não é mais *split*, forma-se novamente uma imagem primordial. Aristófanes: "Assim, quando os amantes – apaixonados por rapazes ou em qualquer outro amor – encontraram sua metade, é milagroso como são arrebatados pela ternura e pelo sentimento de parentesco e amor; não consentem mais em dividir-se um do outro, por assim dizer, nem sequer um instante. ... A causa disso está em nossa primitiva natureza, na totalidade que constituía nosso ser; e o desejo, a busca dessa totalidade, chama-se amor."

Daí a ironia da *split screen*, parecendo indicar que essa fusão ou reconstituição da androginia primordial é um sonho agradável, decerto, mas natimorto. Basta ver, ou antes ouvir, pois por enquanto – ou já – o futuro pretendido por Harry e Marianne, no teto de um prédio onde penetraram ilegalmente, não passa de palavras. O rapaz se interroga, ao mesmo tempo em que faz e arremessa um avião de papel, símbolo premonitório, no vazio:

– Não compreendo. Por que você é tão ríspida com seus pais? Sério, eles te dão tudo que você quer. Arrumaram um apartamento para você, um psiquiatra que te arranja comprimidos.

– É, eles são legais, eu sei, mas não era dinheiro que eu esperava deles, dá pra entender? E dinheiro é praticamente a única coisa que eles me dão.

– Por que não se afasta um pouco?

– Como você quer que eu faça?

– Não sei. Poderia fazer umas roupas. Seus desenhos são o máximo. Bastava você abrir uma loja.

– Não posso.

– Por quê?

– Porque não teria mais tempo de te ver.

"E os pares", diz Aristófanes, "estendendo os braços, agarrando-se ao desejo de se reunir, morriam de fome e também de preguiça, pois não queriam fazer nada em estado de separação." A questão é bem-formulada: ela diz respeito ao mesmo tempo à fusão e ao tempo. Duas criaturas fundidas numa única privam-se de todo o tempo verdadeiramente criativo. Por que criar? Eles têm tudo que desejam, não lhes falta mais nada: eles recriaram o andrógino primordial. Isso é um sucesso e um fracasso, uma vez que agora a vida não poderia lhes trazer mais nada: a vida a dois torna-se uma espécie de morte, agradável, decerto, mas monótona. Um tempo cíclico, puramente natural ou animal. Para não soçobrar no puro presente, eles devem criar por artifício o movimento ausente de sua vida; um alarme é disparado, eles se escondem dos guardas que os procuram e aproveitam-se disso para se beijar com sofreguidão enquanto batem em retirada.

Eles não obedecem ao medo, para eles não se trata de escapar de um perigo, mas, ao contrário, de criar o perigo antes de fugir. Não estão fugindo do perigo: provocam-no, para ter a oportunidade de escapar. Brincam de ter medo. Criar um perigo para se abrir para um futuro. De que adianta viver se não for para sentir as paixões? A vida não apenas fica mais in-

O tempo do desejo 137

teressante, ela se torna apaixonante. Num universo acolchoado, formatado, securizado, temos a obrigação de criar perigos, inventar riscos para nos sentir desejantes, humanos. Quando os psiquiatras criam categorias para explicar que os comportamentos de risco dos adolescentes são da alçada da patologia, claro que às vezes isso é verdade, mas querer arriscar a vida não é necessariamente patológico; se é, esta patologia é característica do animal chamado homem. É uma patologia metafísica, a patologia da espécie. Vimos isso com a luta de morte das consciências em Hegel, em *Juventude transviada*, por exemplo. Ao mesmo tempo, e aí jaz a verdadeira patologia, a vida levada por esses dois apaixonados é completamente vegetativa. Eles se deixam regar como plantas por seus pais. Mas plantas que não crescem. Incapazes de forjar para si um futuro digno desse nome, contentam-se com escapatórias previamente condenadas, que vão corroer ainda mais a falta, a pretexto de preenchê-la. Droga e êxtases artificiais, visões sublimes, vertigens temporais que misturam aceleração sobrenatural e serenidade onírica, alucinações com um mundo melhor – tudo só faz reforçar, na volta da viagem, a indigência e a feiura do mundo real.

Contrariando todas as expectativas, a mãe do rapaz, Sara Goldfarb (Ellen Burstyn), sofre da mesma patologia e seguirá o caminho do filho. O fosso entre as gerações não muda nada: quando não sabemos desejar senão contra um fundo de falta, terminamos na dependência. Sara teve a felicidade de também formar um todo, um andrógino primordial com o marido, hoje falecido. Podemos vê-la com um sorriso angelical numa foto, na qual, cercada pelo marido e o filho recém-formado, ela resplandece num vestido vermelho que lhe cai como uma luva. O que acontece quando "a outra face da moeda" desaparece? A vida continua e, contudo, dessa vez, está definitivamente encerrada. Como ocupar o tempo restante? O que fazer com esse tempo para sempre lacunar, no qual lhe falta a outra metade? Como o filho Harry, Sara soçobra. Só que na televisão e nas guloseimas. Dupla dependência, dupla compensação por esse vazio impossível de ocupar. A televisão e a comida nunca substituirão a felicidade amorosa, mas fazem o tempo passar. A televisão, por seu poder hipnótico, pelo tempo indiferenciado que propõe, permitindo tornar o presente suportável e não sentir o tempo passar: um tempo naturalizado, empalhado, vegetalizado – um "fluxo", como dizem os profissionais do audiovisual. Puro presente. E a comilança em frente à TV permite por sua vez que esse tempo tenha uma continuidade, um tempo cíclico ritmado pela regularidade da falta orgânica e da satisfação por uma descarga de prazer. Essa é a garantia de alguma coisa a ser feita. O emprego do tempo, eis a desgraça da solidão. E é ironicamente a televisão que irá romper o círculo dessa vida limitada ao prazer-descarga e à eterna perpetuação da falta. Tudo começa com um estranho telefonema:

– Alô?

– Sra. Goldfarb? Sra. Sara Goldfarb?

– Ela mesma.

– Bom dia, sra. Goldfarb.

– Ah! Não estou interessada.

– Sra. Goldfarb, não tenho nada para vender, nada. Apenas queria lhe oferecer a oportunidade de aparecer na televisão.

– Na televisão?

O tempo do desejo 139

– É, sra. Goldfarb, na televisão. Parabéns.

– Escute, eu não...

– Não estou lhe pedindo dinheiro, sra. Goldfarb. Estou ligando para dizer que a senhora já ganhou. A Mailing and Block recruta candidatos para a maioria dos programas preferidos dos americanos. A senhora já foi escolhida numa grande lista de candidatos potenciais. Resumindo, a senhora já ganhou.

– Ah.

– Sim, sra. Goldfarb.

– Eu jamais pensaria em aparecer na televisão, não passo de uma...

– Mas vai aparecer na televisão. Enviaremos uma carta com todas as informações úteis. Até logo, parabéns, e passar bem.

Sara desliga. Não acredita. Um sorriso nasce em seu rosto, logo seguido por uma sombra. Com a volta do céu voltam as nuvens. Aquela mulher era "feliz" porque não tinha mais desejo. Ser feliz, de certa maneira, é sempre esquecer até a possibilidade da felicidade. Tão logo um futuro desponta, com ele pode renascer a angústia. Mas com ele também renasce a vida, certo?

Hegel distingue três tipos de tempo: o tempo natural, o tempo animal e o tempo humano. O tempo natural é o eterno presente cíclico, o das estações, o tempo vegetal e o mineral: o tempo do que nunca muda, sempre pobremente idêntico a si mesmo. O tempo animal, embora igualmente dominado pelo presente, o do instinto e da espécie, também integra a dimensão do passado: podemos amestrar um animal, ele tem memória e pode modificar sua reação a um acontecimento em função do que já conhece. Enquanto o tempo natural e o tempo animal giram em círculo, o tempo humano é o único capaz de se abrir para um futuro, de rasgar a prisão natural para criar algo inédito. O que é um ser de desejo? É um ser que sai do tempo cíclico da natureza. Não repetir o ciclo biológico da falta, porém inventar uma história.

Mas ser humano não é suficiente para viver um tempo humano. Sara, entupida de açúcar e TV, apenas tem a aparência do ser humano e vive, na realidade, num tempo natural, para não dizer vegetal: verdadeiro legume, atolado num presente cíclico e sem saída. No melhor dos casos, podemos atribuir-lhe um tempo animal ritmado pela ingestão de chocolate e TV. Antes da revolução desse telefonema, ela vegetava na necessidade, enclausurada na penumbra fosforescente de sua televisão, protegida das luzes violentas da vida. E, subitamente, o desejo. A noite, depois a luz! O tempo do desejo é um tempo que se abre. Enquanto a necessidade só faz repetir o ciclo orgânico do vazio e do cheio, o desejo é criador de um futuro. O desejo escava o tempo, torna o tempo habitado, vivo, apaixonante. Ele inventa o tempo, ou o reinventa. Sair do círculo, romper o ciclo, abrir o tempo. Passar da simples sobrevivência animal à existência humana.

A perspectiva de encontrar o olhar do outro obriga Sara a se preocupar com a aparência. Ela, que se tornara invisível, até imperceptível a seus próprios olhos, volta-se para a fotografia de família na qual resplandecia no vestido vermelho entre o marido ainda vivo e o filho ainda exemplar. Reviver esse momento, ou melhor, vesti-lo, vestir sua lembrança como um vestido. O desejo que volta em sua vida regressa sob a forma de um convite contraditório: para sair de casa, mas para retornar melhor, pelo televisor. Da poltrona à TV: passar para

O tempo do desejo   141

o outro lado do espelho permanecendo ao mesmo tempo no lugar. O futuro que ela sonha não é propriamente um futuro, seu desejo está fadado ao fracasso: ele não quer criar nada, contenta-se em querer repetir, reencontrar um passado que por definição não pode ser restaurado como tal. Isso só pode acabar mal, e o filme é a crônica desse fracasso anunciado.

Por outro lado, essa nostalgia faz com que Sara sinta um novo tipo de falta. Não apenas fome ou sede, não uma falta orgânica, fácil de sanar. Não uma necessidade animal. Um desejo impossível, mas um desejo humano. Aliás, tudo começa com um projeto. Para alcançar seu objetivo, ela terá que fazer um regime. Já no café da manhã, que nunca merecera este nome, sendo antes um festim, a tortura começa. Diante do não banquete que a espera, Sara suspira. Ovo cozido, meia toranja, café preto sem açúcar. Ela dá uma espiada. A meia toranja desaparece num piscar de olhos. Bastou um olhar. Mesma coisa com o ovo. Por fim, com o café. Já não há mais nada. Sua refeição terminou antes de haver começado. Numa elipse tão divertida quanto cruel, o filme pula o momento do consumo. Há um antes e um depois, não mais um durante. Insatisfeita, incrédula, Sara esfrega os lábios, como para se certificar de que os alimentos não deixaram ali nenhum gosto, durante sua fugaz passagem. Grande close no relógio, onde os ponteiros parecem não se mover. Olhar para a geladeira, tentadora, tão perto. Sara resiste. Sua barriga ronca, manifestando desaprovação. Ela a repreende: "Quer parar, por favor? Não percebe que vestir meu vestido vermelho é melhor que vestir um empadão de queijo!"

Essas duas maneiras de vestir, contraditórias, encarnam a luta entre a necessidade e o desejo, mas sobretudo entre duas relações com o tempo. A voz da necessidade diz-lhe: "Coma!", a voz do desejo diz-lhe: "Não coma!" Desobedecer à voz da natureza é sair do tempo natural para afirmar um tempo humano e fazer o futuro prevalecer sobre o presente. O tempo não passa mais da mesma maneira. O tempo, por assim dizer, começa a durar. Sara não tira os olhos do relógio da parede, depois de seu relógio: parece que o tempo se arrasta.

Bergson distingue dois tipos de tempos: de um lado, o que ele chama de tempo comum, ou tempo do relógio, o tempo objetivo; de outro, o tempo subjetivo, ou tempo da consciência, tempo individual. De um lado, o tempo abstrato, que não existe, que representamos exteriormente por uma linha recortada em intervalos iguais – o tempo da ciência, da física, dos objetos; do outro, o tempo real, ou duração vivida por uma consciência, numa interioridade onde nada se equivale: uma hora nunca passa da mesma maneira para uma mesma consciência. O filme erode a defasagem entre o tempo do relógio e o tempo do regime. Observemos rapidamente que a matéria-prima do cinema é a duração: o tempo da consciência, não o do relógio. O tempo, quando temos fome, passa mais devagar. O cinema nos faz viver essa modificação do tempo vivido. Por exemplo, aqui, anulando o tempo de consumo do ovo, do café, da toranja, ou freando os ponteiros do relógio. "A montagem perturba o curso do tempo, interrompendo-o, e, simultaneamente, confere-lhe uma qualidade nova. Sua distorção pode ser um meio de sua expressão rítmica. Esculpir o tempo!" (Andrei Tarkovski, *O tempo selado*).

Dito isto, como driblar a fome? Driblando a consciência. Sara permanece conectada na TV, fluxo comum, tempo abstrato indiferenciado, para não cair na infinita duração da fome. Deixa a TV ligada no canal "Regime".

O tempo do desejo 143

– Três coisas, fiz apenas três coisas para mudar de vida... Parei com a carne vermelha. Pense no que eles enfiam ali dentro. Eu comia carne vermelha a ponto de comer enormes fatias cruas. Adorava carne! Mudei completamente... Abaixo a carne vermelha!

Porém, evocando sem parar aquilo de que ela precisa privar-se, a TV agrava a falta, que se torna ideia fixa. Essa viúva descobre que, sem perceber, desenvolveu uma história de amor, no mínimo inesperada, com sua geladeira. Cada qual com seu andrógino primordial, cada qual com sua *split screen*. Ela agora pensa menos no falecido marido do que em sua tentadora companheira de solidão. E, embora ainda não esteja pronta para aparecer na TV, sua vida virou um faroeste doméstico: era uma vez na minha cozinha, mais do que *Era uma vez no Oeste*. A *split screen* enquadra de um lado a mulher carente, do outro a geladeira trocista. Um duplo zoom intensifica o duelo: de um lado, o objeto que cresce; do outro, a falta que também cresce.

Descartes fala desse zoom mental no *Tratado das paixões*, artigo 138: "Quase sempre as paixões fazem surgir tanto os bens quanto os males, que elas representam muito maiores e mais importantes do que são, de tal forma que nos incitam a procurar uns e a fugir dos outros com mais ardor e cuidado do que seria conveniente." Descartes não diz, como poderíamos esperar de um filósofo racionalista, que as paixões são más porque deformam o real, mas, ao contrário, que essa deformação nos é útil. A ótica deformante do desejo provoca certa alucinação do real, mas ampliar o objeto nos dá mais energia para conquistá-lo. Utilidade dessa ilusão: o desejo nos ajuda a viver. As paixões nos fazem sair do reino pobre da necessidade para entrar no artifício e na riqueza do mundo do desejo.

Porém, no caso de Sara, a deformação do real que a fome lhe inflige é contraditória com sua vontade de fazer regime: à proporção que a fome expande o objeto de seu desejo, privar-se dele torna-se mais difícil, até mesmo insuportável. Como sair dessa? Com a maior simplicidade do mundo: saindo de casa. Se não pode vencer sozinha, o fará acompanhada. Ela faz parte de uma espécie de clube de mulheres aposentadas e viúvas que tomam sol tagarelando em frente às suas casas:

— Estou fazendo um regime.

— Que tipo de regime?

— Ovos cozidos e toranjas.

— Ah, sei qual é. Desejo-lhe boa sorte!

— Estou aguentando muito bem.

— Está fazendo desde quando?

— Fiz o dia inteiro.

— O dia inteiro? Ainda não é nem uma hora.

Piada bergsoniana: o tempo do regime estende-se em duração infinita, que o relógio não saberia medir. Risos. Sara resiste:

— Eu penso magro.

— Ela pensa magro.

— Minha filha Louise conseguiu perder vinte e cinco quilos assim.

— De que jeito?

— Como assim?

— Ora!

— Você por acaso a enclausurou num cubículo?

— Ela foi consultar um médico, que receitou comprimidos. Você não sente mais vontade de comer.

O tempo do desejo 145

– Então qual é a graça? Você quer dizer que com isso eu não pensaria em me empanturrar de patê com pão de centeio?

– Ei, isso não é o tipo de coisa que se fale na frente de alguém que está fazendo regime.

– Tudo bem. Eu comeria outro pedaço de toranja. Eu penso magro.

Mas a autossugestão logo atinge seus limites, e a tentação medicamentosa é mais forte. Os comprimidos do médico oferecem um atalho irresistível. Sara adere a eles e, sem saber, se vê numa espiral funesta: para renunciar à droga doce do açúcar mergulha na droga dura das anfetaminas, prescritas por um "médico" como radical inibidor de apetite. Na verdade, ela vai perder peso, e mais rápido do que com o regime inicial. Um pouco rápido demais, talvez. E à custa de uma perda mais consequente: da realidade. E a mistura televisão-anfetaminas não lhe faz bem. Como se fosse dotada de uma segunda visão, ei-la que de repente, no fim de um zoom devorador, descobre as entranhas da geladeira abarrotada de apetitosas iguarias. Exasperada, repele debilmente aquele assédio:

– Ó, feche isso!

Procurando refúgio num sono que não virá mais, Sara é vítima da crueldade de seu teto, de onde se precipitam, em sua direção, tortas, bolos e doces variados. Desforra do açúcar recalcado. Sara não é mais uma drogada em abstinência a ponto de morrer por ter perseguido um sonho natimorto. Tal filho, tal mãe. Mas seu verdadeiro erro, o crime cometido ao mesmo tempo contra a natureza e contra ela própria, foi ter querido poupar-se da fome. Pois a fome carrega em si uma verdade obscura e fascinante que convém não recusar. Hemingway a enfrenta e exprime com sua bela simplicidade em *Paris é uma festa*:

A FOME É UMA BOA DISCIPLINA

Se você não se alimentava bem em Paris, tinha sempre uma fome danada, pois todas as padarias exibiam coisas maravilhosas em suas vitrines e muitas pessoas comiam ao ar livre, em mesas na calçada, de modo que por toda parte via comida ou sentia o seu cheiro. Se você abandonou o jornalismo e ninguém dos Estados Unidos se interessa em publicar o que está escrevendo, se é obrigado a mentir em casa, explicando que já almoçara com alguém, o melhor que tem a fazer é passear nos jardins do Luxemburgo, onde não via nem cheirava comida, da praça do Observatório à rua de Vaugirard. Sempre poderá entrar no museu do Luxemburgo, onde todos os quadros ficam mais vivos, mais claros e mais belos quando se está com a barriga vazia, roído pela fome.

Aprendi a compreender Cézanne muito melhor, a entender realmente como é que pintava suas paisagens, quando eu estava faminto. Costumava perguntar a mim mesmo se ele também tinha passado fome quando pintava, mas imaginava que talvez apenas tivesse se esquecido de comer. Era um daqueles pensamentos doentios mas brilhantes que nos ocorrem quando estamos com falta de sono e de comida. Mais tarde, bem mais tarde, concluí que Cézanne provavelmente passara fome, mas de maneira diferente.

Beleza americana | A fantasia

Desejar é não sentir falta. É saber que falta algo. Estar com fome, mas de maneira diferente. Sócrates, quando chega sua

O tempo do desejo 147

vez de falar no *Banquete* de Platão, nos revela que Eros, Amor ou Desejo, é um deus faminto. Mas de uma fome paradoxal, pois, sendo filho de Poros e Pênia, da Riqueza e da Pobreza, ele é ao mesmo tempo pobre e rico: "Por natureza, ele não é nem mortal nem imortal, mas, no mesmo dia, ora está florescente e cheio de vida, está na abundância, ora morre e depois renasce graças ao dom natural que herdou do pai. O que ele conquista lhe escapa sem cessar, de maneira que nunca está na indigência nem na opulência, porém, a meio caminho entre a ciência e a ignorância. Eis por quê: nenhum dos deuses filosofa ou deseja ser cientista, pois já o é. E, em geral, quem é cientista não filosofa. Os ignorantes tampouco filosofam ou desejam ser cientistas, pois a ignorância tem justamente isso de aborrecido: não tendo beleza, bondade nem ciência, julgam-se suficientemente providos dessas qualidades. Ora, quando não acreditamos que nos falta uma coisa, não a desejamos."

Em *Beleza americana*, de Sam Mendes, Lester (Kevin Spacey), em voz off, revela-nos primeiro a pobreza de sua existência, no inferno de um subúrbio americano: "Meu nome é Lester Burnham. Este é o meu bairro. Esta é a minha rua. Esta é a minha vida. Tenho quarenta e dois anos. Em menos de um ano estarei morto."

Seu despertador toca, ele o desliga com um gesto já fatigado:

Claro, ainda não sei disso. Num certo sentido, já estou morto. Olhe para mim, me masturbando no chuveiro. Este é o melhor momento do meu dia. Daí em diante é uma descida aos infernos.

De Lester masturbando-se no chuveiro passamos a uma magnífica rosa vermelha em close, cuja haste é subitamente cortada por um secador de cabelo seguro por uma bela mulher em pose estudada (Annette Bening): "Esta é a minha mulher, Carolyn. Percebem como o cabo da tesoura combina com os tamancos de jardinagem? Isso não é por acaso." Pela janela da sala, Lester, de roupão, observa sua mulher cuidar do jardim e conversar com o vizinho gay:

– Bom-dia, Jim.
– Bom-dia, Carolyn.
– Adoro sua gravata, ah, essa cor!
– E eu adoro suas rosas, mas como faz para ter plantas tão floríferas?
– Aí vai a receita: adubo universal e casca de ovo.
"Meu Deus, fico esgotado só de olhar para ela. Ela nem sempre foi assim. Antes ela era feliz. *Éramos* felizes."

Dentro de casa, uma garota de quinze anos navega na internet e consulta uma página dedicada à prótese de seios: "Minha filha, Jane, filha única. Jenny é o estereótipo perfeito da adolescente: respondona, desamparada, desorientada. Eu gostaria de poder lhe dizer que vai dar tudo certo, mas não posso mentir para ela. ... Minha mulher e minha filha me consideram um lamentável fracassado. E elas têm razão, eu perdi alguma coisa. Não sei exatamente o quê, mas sei que nem sempre fui tão... letárgico. Mas o quer que eu lhe diga? Nunca é tarde demais para acordar."

Lester está aparentemente na posição do ignorante, mas na realidade na do filósofo. Como o filósofo que não sabe nada, mas sabe que nada sabe, Lester sabe que lhe falta alguma coisa, sente essa falta e considera que, se não é tarde para acordar, é

O tempo do desejo 149

graças à sensação dessa falta. "Ela nem sempre foi assim. Antes ela era feliz. *Éramos* felizes." Pensaríamos ouvir Hemingway, que conclui *Paris é uma festa* com essas palavras paradoxalmente nostálgicas: "Mas assim era a Paris dos meus primeiros tempos, quando éramos muito pobres e muito felizes."

Hoje Carolyn está pobre de sua pretensa riqueza. Vive o infortúnio de se achar feliz, julgando nada lhe faltar. Mas sua vida em aparência perfeita não passa de uma vida de aparências perfeitas: perfeição das superfícies, perfeição superficial. A rosa é vermelha, cor do desejo, mas cortada por uma mulher equipada com luvas que a protegem dos espinhos, enquanto seu marido se masturba no chuveiro. A montagem é eloquente: Carolyn, mulher castradora, só pensa em controlar os que a cercam, ou pior: *a aparência* dos que a cercam. Passa a criticar a filha pela feiura de seus trajes gótico-grunge. Humilhação que só faz aumentar a angústia de Jane, já preocupada com o tamanho dos seios. Se Carolyn fosse spinozista, tranquilizaria a filha e lhe diria: minha querida, assim como o homem não precisa da perfeição do cavalo, a mulher não precisa da perfeição da vaca. Spinoza nada tem contra seios grandes, mas todo ser tem sua perfeição própria. É o mau uso de nossa imaginação que nos deixa infelizes, como vimos com os manequins de *Zoolander*: quando buscamos fora de nós a regra de nosso desejo, decretamos nossa infelicidade, uma vez que nos percebemos então no modo da falta ou, pior, do defeito impossível de corrigir.

Mas se Carolyn se preocupa tanto com as aparências, embora as suas aparências sejam perfeitas, é porque depende muito mais delas que da filha. A filha é vítima, a mãe é escrava. Ela não é spinozista, é certo, e só vive no modo incompleto da imaginação, pelo qual nos comparamos sempre a um modelo exterior e ideal, em vez de apreender nossa lei própria. Uma vida de catálogo. Lester compreendeu bem: o que Carolyn toma por perfeição é a morte. Ela toma o vazio pelo cheio. Inconsciente da armadilha em que está enredada, ignora que sua vida é construída em cima da falta, ao passo que Lester, por sua vez, está consciente de que lhe falta o essencial. E a consciência dessa falta é uma primeira riqueza. Talvez a única.

Ou não. Pois o que irá realmente salvar Lester da letargia não é um pensamento filosófico, mas uma paixão. Durante o show das líderes de torcida do qual participa sua filha Jane, e para onde o arrasta a mulher, ele fica fascinado pela jovem Angela. Angela, quinze anos, loura espevitada, desperta Lester de seu sono dogmático. A partir do momento em que detecta sua "presa", a música atroz da fanfarra é substituída por uma música de elevador, que acompanha o nascimento do desejo, marcando assim a passagem do tempo comum do relógio para o tempo real, ou duração vivida por uma consciência. Passamos do mundo das coisas para o mundo do desejo, entramos na percepção de Lester.

Todas as ferramentas e artifícios do cinema são aqui convocados para nos fazer partilhar a revolução perceptiva do desejo. Para começar, ampliação do objeto. Lembrem-se do *Tratado das paixões* de Descartes, já mencionado no caso de *Réquiem para um sonho*: o desejo amplia o tamanho do objeto sobre o qual incide. Angela vê-se então ampliada de todas as maneiras possíveis e ocupa cada vez mais espaço. No espaço: close e zoom. No tempo: câmera lenta e repetição dos movimentos desejados. A câmera lenta é o equivalente temporal do zoom ou do close, é uma ampliação, se é que podemos dizer isso, do

O tempo do desejo

tamanho do objeto no tempo. Isso nos permite desfrutar dele mais do que na velocidade normal. Como escreve Walter Benjamin em *A obra de arte na época de sua reprodutibilidade técnica*, "a natureza que fala à câmera não é a mesma que fala aos olhos. Ela é diferente, sobretudo porque, no espaço onde domina a consciência do homem, ela substitui um espaço onde reina o inconsciente." E esse inconsciente visual, o cinema o inventa com suas ferramentas, como o close, o zoom ou a câmera lenta: "O papel da ampliação não é simplesmente tornar mais claro o que vemos 'de qualquer maneira', e apenas de maneira menos nítida, mas revela estruturas completamente novas da matéria." Da mesma forma, a câmera lenta descobre outras formas "que de modo algum aparecem como lentidão de movimentos rápidos, mas como movimentos singularmente deslizantes, etéreos, sobrenaturais".

Lester está em outro mundo. Logo tudo desaparece à sua volta, ei-lo sozinho na sala, sozinho com o objeto de seu desejo. Isolado pela câmera, pela luz (uma espécie de projetor do desejo está apontado para Angela), pela direção (o público desapareceu das arquibancadas e, no ginásio, as outras líderes de torcida simplesmente somem, não existem mais). Depois passamos à fantasia. Sempre em câmera lenta, evidentemente. Angela começa a fazer gestos que suspeitamos irreais, ligeiramente obscenos, depois cada vez mais indecentes. Lester alucina uma continuidade entre o que vê, o aumento do objeto, e a fantasia. Angela termina por abrir o casaco do uniforme para revelar... os seios? Não, uma chuva de pétalas de rosa exerce o papel de folha de parreira pudica e projeta-se sobre Lester. Pétalas em movimento, cheias de uma desordem vital, ao passo que a rosa que sua mulher segurava, como nos lembramos, estava cortada, congelada, castrada, fadada a terminar num vaso.

Lester está boquiaberto. Poderíamos achar que esse instante de estupefação é um momento de pobreza, de incapacidade; de fato, é o momento de uma revelação, de uma inversão: ele nunca foi tão ativo em sua vida quanto nesse momento de petrificação aparente, que Descartes chama de admiração. A admiração é a paixão que está na raiz de todas as outras. *Ad*: para; *mirari*: olhar, forma passiva. No entanto, embora no olhar pareçamos ativos, somos ativos no lugar, à medida que nos absorvemos no que observamos. Quando um objeto novo se oferece a nós, algo que nunca vimos, o não visto, como diríamos do inaudito, o efeito sobre nós é tão esmagador que desejamos seu retorno. Vamos querer transformar essa primeira emoção em paixão. E Lester, que não queria ir àquele espetáculo, vai simplesmente abordar Angela e se oferecer para levá-la em casa, sob os olhos consternados da própria filha. Angela recusa educadamente:

– É muita gentileza de sua parte, mas tenho um carro.

– Você tem um carro, ah, mas isso é ótimo, isso é ótimo. Aliás, Jenny está pensando em comprar um em breve.

(*Jane, envergonhada, repreende o pai:*)

– Papai, mamãe está esperando para ir embora.

– Está bem, foi um prazer conhecê-la, Angela. As amigas de Jenny são... minhas amigas. Bom. Suponho que voltaremos a nos ver. (*Riso idiota.*)

(*Jane comenta, já a sós com Angela:*)

– Nunca vi coisa mais ridícula.

– Acho comovente. Deve fazer uma eternidade que seus pais não fazem mais grande coisa na cama.

O tempo do desejo   153

Entretanto, naquela noite, Lester está mais do que ativo na cama, com uma garota de sonho. Um grande sorriso nos lábios, olhos esbugalhados, ele contempla Angela, a líder de torcida, quase nua, deitada numa cama de pétalas de rosa, colada em seu teto: ela própria iluminada por um sorriso mais que receptivo, acolhedor, petulante, acenando para ele com um gesto cheio de lascívia, tudo em câmera lenta, em meio a uma chuva de pétalas de rosas vermelhas. Vermelho, a nova cor de sua vida:

– Que sensação espantosa. Como se eu tivesse ficado vinte anos em coma e acabasse de acordar naquele instante... Ex-tra-or-di-ná-rio!

O teto transformou-se numa tela de projeção de fantasias. Mas não é mais uma alucinação angustiante como em *Réquiem para um sonho*, é uma ficção prazerosa que manifesta o poder de evocação do espírito: Lester imagina as pétalas de rosa que caem sobre ele numa câmera lenta de sonho, e sabe disso. Transforma a realidade num sonho acordado que para ele é o mesmo que sair do coma. Ele deseja novamente. Poderíamos dizer que cristaliza. Stendhal: "Deixem trabalhar a cabeça de um amante durante vinte e quatro horas, e eis o que encontrarão: jogamos nas profundezas abandonadas da mina de sal de Salzburgo um ramo de árvore desfolhado pelo inverno: dois ou três meses depois o retiramos coberto de cristalizações brilhantes. Os menores galhos, não maiores que a pata de um chapim, acham-se revestidos por uma infinidade de diamantes móveis e ofuscantes. Não conseguimos mais reconhecer o ramo primitivo. O que chamo de cristalização é a operação do espírito que extrai de tudo que se apresenta a descoberta de que o objeto amado tem novas perfeições. Em suma, basta pensar numa perfeição para vê-la no que amamos." Esse fenômeno de cristalização se dá dentro de nós, aparentemente a despeito de nós ou sem o nosso concurso, e no entanto dentro de nós e forjado por nós: é porque desejamos o retorno dessa emoção que a ampliamos em nós, que fazemos existir os objetos que desejamos em sua ausência, seja sob a forma da fantasia, seja sob a do sonho, seja sob a da alucinação. A cristalização não opera só no fundo das minas de sal em Salzburgo, mas também funciona e muito bem no teto de Lester. Ou no banheiro...

Assim como Sara, em *Réquiem para um sonho*, começava a fazer regime para aparecer na TV, Lester volta à musculação a fim de aparecer para a garota. Vamos encontrá-lo meses mais tarde, em meio ao vapor do banheiro, onde Angela toma um banho de pétalas de rosa. Se Lester ganhou músculos, sua fantasia também:

– Venha, eu estava te esperando. Alguma coisa me diz que você malhou. Estou vendo. Estava à sua espera para me dar um banho. Estou suja, uma verdadeira porquinha.

Lester vai mergulhar a mão na banheira, entre as coxas de Angela, que fecha os olhos, oferecida. A mão aproxima-se, aproxima-se mais, continua a se aproximar. Quando ela entra na água, passamos da fantasia à realidade: Lester se masturba na cama, ao lado da mulher, que, intrigada com o barulho e o movimento, interrompe o marido:

– O que você está fazendo?
– Nada.

O *tempo do desejo* 155

– Estava se masturbando?

– Ehh... não.

– Eu digo que sim.

– Ah, merda, continue, me mate, eu estava batendo uma punheta, batendo uma bronha, espumando o criador, tudo bem, fazendo bilu-bilu no bilau.

– Ó, você é nojento!

– Sinto muito, mas alguns de nós ainda se beneficiam de uma libido em estado de funcionamento.

– Eu também!

– Ah, é? Aparentemente, só eu sinto necessidade de remediar a coisa.

– Ó! Ó! Lester, recuso-me a suportar esse calvário, isso não é um casamento!

– Você está acomodada nesse casamento anos a fio porque era perfeitamente feliz enquanto eu fazia isso de porta fechada. Pois bem, ouça: acontece que mudei, e seu novo marido se masturba um pouco quando está com vontade de trepar, visto que você me fez compreender que não dava para contar com você nesse setor.

– Ah, entendi! E você por acaso se acha o único frustrado sexualmente?

– Não é isso? Então, o que está esperando? Estou pronto, aproveite!

– Não ouse colocar a mão em mim, meu velho, senão peço o divórcio tão rápido que você não terá tempo nem de piscar.

– E por que motivo? Não sou alcoólatra, não trepei com outras mulheres, não maltrato você, não espanquei você, nem sequer tento mais tocar em você depois que você me fez sentir claramente a que ponto eu era inútil, para não dizer um saco.

– Ó!

– Mas eu sustentei você enquanto você estudava, e algumas pessoas poderiam concluir daí que isso me dá direito a metade de sua renda.

– Ó!

– Dito isso, não se esqueça de apagar a luz antes de deitar, boa-noite!

E Lester dá as costas para a mulher no leito conjugal, sorriso nos lábios. Finalmente. No começo, portanto, uma cena imaginária: vapor, pétalas de rosa, linguagem de meretriz na boca de uma genuína líder de torcida, música vulgar como fundo da fantasia... Aparentemente Lester não avançou muito, comparado ao início, quando se masturbava no chuveiro. Entretanto, a coisa evoluiu, ele não se masturba mais, fantasia uma realidade tão presente que ele nem sequer percebe que está se masturbando. Tem uma imaginação rica. Sua pobreza inicial, sua vida monótona, se enriqueceu de imaginário. O desejo tornou vivo o real, sob a forma de fantasia. E, graças ao conflito real provocado por essa fantasia, Lester encontra afinal coragem para dar um basta na mulher dominadora e castradora, e, se podemos dizer, retoma as rédeas tanto do casal como de sua vida. É nesse momento, provavelmente, que Carolyn decide matar o marido.

Subsiste uma questão decisiva. O que vale mais a pena: sonhar o que desejamos ou vivê-lo? Enfrentar seu desejo no real é a melhor maneira de responder à pergunta. Em todo caso, no cinema... Lester, que sonha há um ano com essa oportunidade, vê-se enfim sozinho em casa com Angela, que se oferece a ele. Do lado de fora, noite e chuva. Lester aproxima-se dela:

O tempo do desejo 157

– Então. Será que vai me dizer? O que você quer?

– Não sei.

– Não... sabe?

– O que você quer?

– Está brincando? É você que eu quero. Quis você desde o primeiro segundo em que a vi. Você é a coisa mais magnífica que já me aconteceu.

– Não me acha vulgar?

– Você não conseguiria ser vulgar nem que quisesse.

– Obrigada. Porque acho não há nada pior que ser vulgar...

Ele a beija. Em seguida, deita-se no sofá, onde começa a despi-la, com gestos infinitamente lentos, delicados, nervosos, revelando um comovedor par de seios jovens e rijos. Passamos da fantasia e da chuva de rosas à realidade. É então que Angela confessa timidamente:

– É a minha primeira vez.

– Está brincando?

– Desculpe. Sempre tive vontade de fazer isso. Prefiro que saiba, no caso de ficar espantado que eu não seja... mais... O que há de errado? Você não disse que me achava magnífica?

Lester acusa o golpe. E para por aí. Poderíamos pensar que nesse ponto o filme curva-se ao puritanismo hollywoodiano. Pode até ser, mas, se um filme costuma mostrar um desejo que procura se satisfazer, é muito raro que nos mostre essa satisfação. Por quê? Jean-Luc Godard nos dá um indício, numa entrevista concedida a Maurice Pialat (publicada no *Le Monde* de 16 de fevereiro de 1984): "A Bela Adormecida termina sempre quando ele a acorda. Depois, não sabemos o que é feito deles, felizmente. Porque não deve ter durado muito tempo." O cineasta toma então o cuidado de interromper seu gesto antes do fim. Quer conservar a energia do gesto, seu desejo, mas não a conclusão, que é também sua morte. Aquilo de que Lester é rico é do desejo que aquela adolescente lhe restituiu. No cinema, vamos procurar desejo, queremos ser postos em movimento. No cinema, a satisfação tem sempre um segundo plano pornográfico. No cinema, o desejo deve permanecer desejo.

Reencontramos então Lester e Angela na cozinha, depois da desistência e do não ato, que não deixa de ser um ato. Pois Lester não desistiu de nada. Seu projeto caducou por si só, como uma fruta madura cai da árvore. Na aparência é a mesma coisa, interiormente muda tudo. Desistir de algo é permanecer na frustração e necessariamente voltar a ele mais tarde. Ao passo que ir ao termo de seu desejo, ou tão longe quanto possível, é realizá-lo e esgotá-lo. Mesmo que no momento de atingir seu fim o desejo mude de natureza e de fim, ele descobre sua verdade. Com Angela, a conversa tornou-se amistosa, relaxada, equilibrada – entre ela e Lester entabula-se finalmente uma verdadeira relação. Angela então lhe faz a pergunta que mata.

– E você, tudo bem?

– Faz um tempão que ninguém me pergunta isso. Estou bem...

– Vou ao banheiro.

(Sozinho na cozinha, com uma calma sobrenatural, Lester contempla uma fotografia em preto e branco onde ele ri às gargalhadas, rodeado pela mulher, Carolyn, e a filha Jane:)

O tempo do desejo 159

– Estou bem. Meu deus, como é bonito. Meu deus, meu deus, meu deus...

Como uma Bela Adormecida contemporânea e masculina, Lester acaba de ser acordado pela encantadora princesa Angela. E, como adverte Godard, a coisa não pode durar muito tempo. Uma pistola é encostada em sua nuca. Fogo. Seu sangue mancha a parede da cozinha.

A filha, deitada com o namorado em seu quarto no andar de cima, ouve o disparo. Os dois descem e descobrem Lester morto, de olhos abertos, a cabeça largada sobre a mesa da cozinha, a boca congelada num sorriso estranho. Lester, literalmente em off: "Sempre ouvi dizer que, no instante da morte, sua vida inteira desfila diante de seus olhos numa fração de segundo. Porém, esse instante dura muito mais tempo que uma fração de segundo, ele se estende até o infinito, como um oceano de tempo. Para mim, era como estar deitado na relva no verão, durante as férias, observando as estrelas cadentes..."

Lester criança, deitado na relva, contempla o céu. Revemos Jane e seu namorado deitados no quarto, ouvindo o disparo e se levantando.

"E as folhas das árvores que rodeavam nossa aleia a turbilhonar no vento de outono."

Angela em frente ao espelho do banheiro ouve o disparo e se vira, preocupada.

"Ou as mãos de minha avó e aquela pele seca e enrugada como pergaminho."

A mulher, Carolyn, ensopada de chuva, está a caminho de casa, apertando com a mão uma arma escondida na bolsa, quando ouve o disparo.

160   *Filosofando no cinema*

"E a primeira vez que meu primo Tony foi à nossa casa em seu soberbo Firebird."

O assassino é preso, com a camiseta manchada de sangue, quando volta para casa. Não lhes direi quem é.

"E Jenny."

A filha Jenny, quinze anos, emburrada ou melancólica, abre a porta da casa e se vê diante de...

"E Jenny."

... Jenny criança, fantasiada de fada, carregando um fogo de bengala que ela segura como uma varinha de condão, e sua adorável birra.

Carolyn, que acaba de chegar em casa, horrorizada com o que quase chegou a cometer, abre o armário da entrada e enfia a bolsa com a arma num baú. Depois, atraída pela visão das roupas de Lester penduradas à sua frente, cai num pranto dilacerante, tentando desesperadamente abraçá-las.

"E Carolyn."

Carolyn mais jovem, rindo, loucamente feliz num carrossel.

Depois, enquanto um saco plástico dança ao vento e se eleva, nos reconduzindo gradativamente ao plano inicial do filme, um plano aéreo do subúrbio onde Lester viveu e onde morreu, ele conclui: "Claro, eu poderia ter ficado magoado com tudo que me aconteceu, mas isso é inútil. Há muita beleza no mundo. Às vezes tenho a impressão de que ela me inunda por todos os lados ao mesmo tempo e me afoga, meu coração se enche como uma bolha prestes a estourar, e então compreendo que preciso relaxar, parar de tentar me prender incessantemente a ela, e ela desliza sobre mim como chuva. E não consigo sentir mais nada, só gratidão, por cada instante de minha insignificante vidinha. Não compreendem o que estou

O tempo do desejo 161

lhes dizendo, não é mesmo? Não se preocupem, um dia vão compreender."

Fim. Ou não, uma vez que Lester morto sobreviveu pelo menos como voz, parecendo dizer que o momento da morte, que dura apenas um clarão para os que sobrevivem, estende-se ao infinito para quem o vive. E que continuará, portanto, a vivê-lo para sempre, num eterno parêntese.

Bergson formulou a hipótese de que quando a pessoa é liberada das necessidades da ação, no momento da morte, todas as percepções até então disponíveis mas inúteis ao longo da vida de repente voltam a ser atuais. Se revemos toda a nossa vida no momento de morrer é porque a consciência, não tendo mais que se prender à ação a ser realizada, está afinal livre para perceber, simplesmente para perceber, não mais para agir. Percebemos tudo durante uma vida, mas só percebemos o útil. Quando morremos, tudo que percebemos sem nos dar conta, ou tudo que percebemos e esquecemos, é convocado pela consciência. Fora de todo projeto, logo, fora de toda temporalidade. E eis por que, enquanto o presente é em cores, as lembranças de Lester, seus melhores momentos, são em preto e branco, apresentando-se em câmera lenta com a perfeição da eternidade.

São todos momentos de contemplação, de passividade aparente. E, de modo paradoxal, Lester nunca se sentiu tão plenamente ele mesmo. Desvencilhar-se das necessidades da ação corriqueira permite entrar em contato com o que Spinoza chama de a única ação completa e verdadeira: o pensamento. Pensar, eis a ação do espírito. A sensação e a experiência da eternidade nos são oferecidas quando agimos no sentido próprio do termo, isto é, quando compreendemos alguma coisa.

Prova disso, o espírito de Lester sobreviveu à sua própria morte, uma vez que foi ele que nos fez o relato em off do último ano de sua vida. Como se a morte não tivesse conseguido matá-lo de todo, como se ele tivesse conseguido, em termos spinozianos, tornar-se tão eterno quanto possível nesta vida.

E, enquanto Lester alcança o conhecimento último e não sente mais falta de nada, Carolyn afinal encontra o que lhe falta no início do filme: o desejo. Sob a forma de uma falta, é verdade, uma vez que Lester, o Lester que ela gostaria de apertar nos braços, está agora ausente de suas roupas para sempre, mas agora ela é preenchida por essa falta. No momento preciso em que o perde, ela redescobriu o amor.

6. Vertigem do amor

"Só existem gozos verdadeiros no
ponto em que começa a vertigem."

GOETHE

Cassino | A eletricidade do desejo

"Há dois tipos de mulher", escreve Michel Tournier em *Le roi
des aulnes*. "A mulher-bibelô, que podemos manejar, manipular, beijar com o olhar, e que é o ornamento de uma vida de
homem. E a mulher-paisagem. Esta nós visitamos, nos com-
prometemos com ela, nos arriscamos a perdê-la."

Em *O desprezo*, Paul tomava Camille por uma mulher-bibelô, ao passo que ela era uma mulher-paisagem. Isso acontece muitas vezes com os ícones, Brigitte Bardot ou Marilyn,
sua maldição é sempre a mesma: são mulheres que tomamos
por bibelôs e cuja paisagem descobrimos tarde demais. Não
obstante, é isso o que pressentimos e desejamos nelas. Arthur
Miller, que foi marido de Marylin, disse a seu respeito: "Para
sobreviver, ela deveria ser mais cínica ou pelo menos mais
próxima da realidade. Em vez disso, ela era um poeta de rua
tentando recitar versos para uma multidão que lhe arranca as
roupas." Hoje, publicam-se poemas de Marilyn que confirmam

essa paisagem: "O grito das coisas, vago e muito jovem para ser conhecido. Os soluços da própria vida." Mas o que devemos entender por paisagem? O Cântico dos cânticos explora o corpo feminino utilizando aparentemente a mesma metáfora:

És um jardim fechado, minha irmã, minha esposa,
Uma nascente fechada, uma fonte selada.

Teus rebentos formam um bosque de romãs,
Com frutos deliciosos,
Com alfeneiro e nardo,

Nardo e açafrão,
Canela e cedro,
Com todas as árvores do incenso,
Mirra e aloés,
Com os bálsamos mais preciosos.

És a fonte do meu jardim,
Uma fonte de água viva,
Um riacho que corre do Líbano.

Mulher-jardim, mulher-nascente, mulher-fonte, mulher-fruta, mulher-bálsamo, mulher-riacho, está tudo nela, tudo passa por ela. Claro, vendo os picos e vales de Marilyn, qualquer homem, por menos poeta que seja, largaria tudo para percorrer essas metáforas. Mas aqui não se trata de metáfora, não estamos falando da paisagem à qual a mulher se assemelha, mas da paisagem que ao mesmo tempo ela encerra e percorre, ou no seio da qual ela se inscreve. Em *Abecedário*, em D de

Vertigem do amor 165

Desejo, Deleuze avisa: "Falar abstratamente do desejo é extrair dele um pretenso objeto. Você nunca deseja alguém ou alguma coisa, deseja sempre um conjunto. Qual é a natureza da relação entre elementos para que haja desejo? Eu não desejo uma mulher, desejo também uma paisagem embrulhada dentro dessa mulher, paisagem que não conheço mas que pressinto..." A paisagem de uma mulher, em outras palavras, é o possível embrulhado dentro dela. Um possível que quero desenrolar ou desdobrar numa história de amor real. Marylin, quando desistimos das metáforas ditadas pela fantasia, propõe outra paisagem, povoada por ondas, tempestades, rios e serpentes: "Vejome no espelho agora, a sobrancelha revolta – se me aproximar muito verei o que quero ver –, a tensão, a tristeza, a decepção, meus olhos baços, a face avermelhada por pequenos vasos que parecem rios num mapa – os cabelos caindo como serpentes. É a boca que me deixa mais triste, perto de meus olhos quase mortos. Há uma linha escura entre os lábios como os contornos de numerosas ondas erguidas por violenta tempestade – que diz não me beije, não me ridicularize, sou uma bailarina que não sabe dançar." Na *Lógica do sentido*, Deleuze, dedica um belíssimo estudo a "Michel Tournier e o mundo sem o outro" que retoma essa ideia de mulher-paisagem: "Proust diz sobre Albertine avistada que ela envolve ou exprime a praia e a rebentação das ondas 'Se ela me houvesse visto, o que eu teria podido representar para ela? Do seio de que universo ela me discernia?' O amor e o ciúme serão a tentativa de desenvolver, de desdobrar esse mundo possível chamado Albertine."

Qual a diferença entre a paisagem de que fala Deleuze e a situação evocada por Sartre? Não seria a mesma coisa? Sartre diz: nunca desejamos um objeto independentemente de seu

166   *Filosofando no cinema*

contexto, de sua situação, de sua atitude: desejamos um objeto em relação com um mundo, não um objeto sozinho, isolado, abstrato. Deleuze acrescenta: sim, desejamos num conjunto. E, verdade seja dita, talvez não desejemos o objeto, mas o conjunto. Desejamos a paisagem. E a paisagem não é simplesmente a situação atual ou a atitude presente do objeto, e sim todo o possível envolvido nele, é o mundo que ele abriga, não apenas o mundo no qual ele se situa. A paisagem é a situação mais todas as situações possíveis, que eu ainda não conheço, que adivinho, espero. Desejo.

Em *Cassino*, de Martin Scorsese, não temos uma Albertine, mas uma Ginger: Sharon Stone. Ginger: gengibre. Mulher-tempero. Compreendemos isso imediatamente: mulher-paisagem. Na orla dessa paisagem, nada de Proust, mas um Sam: Robert de Niro. A bela e a fera. A rainha das meretrizes e o rei dos *bookmakers*. Ginger dá conselhos de vida, inspira desejo, não por si mesmo, mas pela vida. "Viva perigosamente, Steve", diz ela ao crupiê, dando-lhe uma gorjeta. Uma vida cheia não é uma vida serena. Cheia, cheia de reverberações. A paisagem dessa mulher é arriscada, condimentada, viva.

Se o dinheiro corre a rodo à sua volta, mulher-fonte de grana, nem por isso podemos dizer que ela ama o dinheiro, é antes o dinheiro que a ama, pois ela ama fazê-lo circular, e é isso que o dinheiro mais ama: mudar de mãos. O dinheiro é o intercambiável por excelência. A ficha, num cassino, encarna a possibilidade de medir seu desejo pelo desejo dos outros. Logo, Ginger é ao mesmo tempo uma mulher que só se interessa pelo dinheiro e que não se compra. O que ela gosta no dinheiro é a

Vertigem do amor 167

liberdade. Uma liberdade encarnada nas fichas, decerto, mas as fichas não são verdadeiramente objetos. São símbolos. A ficha vale por ela mesma: é um ser intermediário, menos um objeto que uma relação. A liberdade definitivamente não pode residir nela. Ela passa por ali, atravessa-as, circula, e eis por que a essência do dinheiro é a circulação. Assim é a paisagem do dinheiro: troca, movimento, liquefação das relações. O dinheiro é um fluido. Acima de tudo é líquido.

Sam, embora contratado para pegar os ladrões, vai se apaixonar por uma ladra. Que mistério é esse? Atenção, Ginger não é uma ladra comum, ela atua à luz do dia, é uma grande ladra. Parafraseando La Rochefoucauld ao falar dos grandes homens, apenas as grandes almas têm grandes defeitos. Ginger é cheia de brilho e distinção. Ela rouba ou distribui as fichas de forma indiferente, num mesmo gesto paradoxalmente magnânimo. Sam está ao mesmo tempo divertido e perturbado pela visão daquela mulher esplêndida na prodigalidade. Ele a quer, mesmo sabendo que lhe custará caro. O que exatamente ele quer nela? Ele possui a ciência, ela tem o movimento. Ele conhece os segredos do desejo, mas mantém-se à margem; ela é o desejo, com ele forma um todo. Sam tem o conhecimento, ela tem a graça. A nenhum dos dois falta nada: ambos estão no centro de seus respectivos universos, onde reinam sem sócios. Sendo assim, como explicar o desejo que circula entre ambos?

"Ao desejo não falta nada, não lhe falta objeto. É antes ao sujeito que falta desejo, ou ao desejo que falta sujeito fixo, só existe sujeito fixo pela repressão." A crermos em Deleuze e Guattari em *O anti-Édipo*, o desejo nada tem a ver com a falta. Ou, mais precisamente, se há falta, não é em relação a um sujeito fixo, mas no sentido de que o desejo não poderia ser amarrado a um sujeito. O desejo não pertence a alguém, ele circula entre. Não é um ser, nem mesmo um buraco no ser, é uma relação. Não é alguma coisa, está entre as coisas, entre um sujeito e as coisas, entre um sujeito e outros sujeitos. Ele é a eletricidade que circula entre as diferenças de potencial. Segundo Deleuze, toda essa história de desejo-falta não passaria de uma construção abstrata, falsa, mórbida, repressiva, herdada de Platão e retomada pela Igreja. Se nada compreendemos do desejo durante tanto tempo, a culpa é de Platão! E é culpa, também, de não se haver encontrado o modelo certo ou a metáfora certa: eletricidade mais do que falta, o desejo circula efetivamente entre um mais e um menos, mas isso não faz dele uma falta: diferença não é falta. O poeta Pierre Reverdy definia a imagem poética surrealista pela qualidade de sua energia, pela eletricidade que ela mobilizava entre duas realidades tão distantes quanto possível, entre as quais ela apontava um elo de similaridade, provocando um relâmpago mental, um curto-circuito poético. A eletricidade de uma imagem relaciona-se com a distância, com a diferença entre os dois polos da metáfora. Quando Éluard escreve: "A Terra é azul como uma laranja", aproxima dois objetos bem distantes um do outro, a Terra é uma laranja; mas ele faz isso de uma maneira surrealista. No meio do caminho substitui a relação de forma que parece justificar a aproximação (a Terra e a laranja são esféricas) por uma relação de cor, ao passo que, se a Terra é azul, a laranja é... laranja. A surpresa e a decepção da expectativa vêm aumentar a eletricidade da imagem. E a distância percorrida instantaneamente pela imagem entre seus dois polos possibilita falar, como Deleuze, da viagem inscrita em toda imagem, ou, como

Vertigem do amor   169

Bachelard, da aceleração nela embutida. A imagem, diz Bachelard, é um acelerador do psiquismo. Logo, o desejo não deve ser concebido negativamente como falta, mas positivamente, como viagem, eletricidade ou aceleração.

Logo, de um lado, Sam, o neurocirurgião do desejo; do outro, Ginger, a desejável mulher-paisagem. Entre esses dois polos, diferença de potenciais máxima, eletricidade garantida. O problema de Sam agora é tornar-se desejável, transformar-se em objeto de desejo para essa mulher acostumada a despertar o desejo sem senti-lo, em contrapartida. Como se aventurar nessa paisagem sem terminar como um simples elemento do cenário, árvore tapando a floresta ou anão de jardim? Como se arriscar nessa mulher sem nela se perder? Sam, em geral frio e calculista, dessa vez está disposto a agarrar a presa. Vertigem do amor.

Porém, para conquistá-la, ele se limita a agir como *bookmaker*. Conhece bem as manhas do cavalo em que aposta. Sabe o que faz Ginger vibrar. Optando pela estratégia tradicional e simplista do casamento-enxoval, lhe dá de presente uma vasta e luxuosa casa, equipada com armários, peles e joias. Bibelôs sem preço, mas bibelôs. Bibelôs para conquistar uma paisagem. Ela explora sua nova casa, extasiando-se:

– Ó, é fantástico! Ó! Ah! Todas as minhas coisas, posso guardar todas as minhas coisas.

(*Sam estende-lhe um casaco de pele:*)

– Experimente, é seu.

– Está brincando, meu Deus, é o quê?

– Chinchila.

– É que é macio de tocar.

– Bonito, hein?

– Nunca ninguém foi tão gentil comigo. Ó, Deus! Sério, acha exagero se eu usar todas de uma vez só?

– Faça como preferir. Então, cumpro ou não cumpro minhas promessas? Eu tinha prometido.

– Você é maravilhoso. E as joias também não ficam atrás.

– A única coisa é que não pode guardar tudo isso aqui, terá que guardar no banco.

– Seja bonzinho, posso ficar com esta em casa?

(*Nesse momento, Sam, o* bookmaker, *previne Ginger contra si própria:*)

– Preste muita atenção. O que vou dizer é muito importante.

– O que é?

– Todas essas coisas, veja bem, isso não significa nada, o dinheiro não quer dizer nada quando não temos confiança, terei que colocar minha vida em suas mãos...

Como vimos com Sartre, não desejamos simplesmente um corpo, mas um corpo possuído. O que Sam quer não é simplesmente os agrados de Ginger, mas a confiança. Em outras palavras, ele não quer possuir um objeto, quer que o objeto de seu desejo seja um sujeito, quer uma relação livre, quer ser desejado, amado em troca. Quer, contraditoriamente – e reciprocamente –, que Ginger seja livre, mas apenas para amá-lo. Gostaria, por assim dizer, de enclausurar Ginger em sua liberdade. Que provas espera para confiar nela? A confiança é uma coisa concedida sem provas, senão é pura desconfiança. O que Sam pede mesmo é o amor. Confundindo confiança e amor, julgando que a confiança pode preceder ou substituir o amor, ele condena a ambos. Ginger, apesar de apaixonada por um improvável fracassado, Lester (James Woods), misto de cafetão e assaltante, preferiu casar com o dinheiro de Sam.

Vertigem do amor 171

Volta e meia refugia-se na sala de cofres do banco para contemplar o salário de sua renúncia, a insuperável beleza de suas joias. Ali, educa sua filhinha nos verdadeiros valores: "Quer ver esta? Papai me deu todas essas joias por que ele me ama muito, muito." Em *O importante é amar*, filme de Andrzej Zulawski com Romy Schneider e Jacques Dutronc, ouve-se esta pergunta ao mesmo tempo sublime e terrível: "Você me ama quanto?" Prostituta solteira, Ginger vendia apenas seus encantos; mulher casada, vendeu sua liberdade, mas o fez livremente, e não parece infeliz por isso. Ainda não. Em breve. A liberdade vale quanto? "Muito, muito", mas como o infinito poderia aceitar valer apenas "muito"? Queda vertiginosa do infinito no quanto. Ou como reencaixar uma mulher-paisagem numa mulher-bibelô. Em sua prisão dourada, em breve ela só encontrará o álcool e as drogas para escapar sem sair do lugar, como a Rainha Vermelha, que encontra Alice do outro lado do espelho, a além do País das Maravilhas. Alice se espanta:

– Mas, Rainha Vermelha, é estranho, estamos correndo e a paisagem à nossa volta não muda?
– Estamos correndo para não sair do lugar.

Cada vez mais rápido, para lugar nenhum. Se Ginger vibra assim pelas joias é porque deve efetivamente pressentir nelas uma paisagem, mas qual? A mulher-paisagem gira em círculos em sua prisão de joias, tomada de vertigem diante da lembrança de sua liberdade desparecida. Sam, ao presentear Ginger com o que ela julga amar, desconectou-a do conjunto que lhe permitia produzir sua eletricidade. Quando o desejo é privado de sua vibração, ele ainda treme, mas arrebatado pelo vazio.

Ligações perigosas | O risco do amor

Em *Ligações perigosas*, Choderlos de Laclos nos apresenta dois virtuoses da sedução que são também dois grandes doentes. Pois a marquesa de Merteuil e o visconde de Valmont sofrem de uma acrofobia de gênero bastante peculiar: temem a vertigem amorosa. Para se precaver contra ela, tomam o cuidado de manter certa distância dos outros, reduzindo-os ao status de objetos mais ou menos difíceis de conquistar e que só valem a pena por essa dificuldade. Dois grandes doentes, então, no sentido de que não sabem mais – ou talvez nunca tenham sabido – desejar um objeto pelo que ele é. Para eles, o obstáculo está no que constitui o valor ou a dignidade de um desejo. O desejo só vale como desafio. Se os obstáculos não estiverem à altura, cumpre então inventá-los. Para encarnar no cinema esse duo perverso, Stephen Frears escolheu Glenn Close e John Malkovich. Merteuil propõe ao mesmo tempo uma missão e um desafio a Valmont: seduzir Cécile de Volanges, que acaba de sair do convento e foi prometida ao sr. de Bastide, de quem a marquesa quer se vingar:

– Ela ainda é virgem.

– Tem certeza disso?

– E assim que a lua de mel terminar, veremos Bastide em lágrimas, ridicularizado em Paris.

– Decerto.

– Sim. Amor e vingança, suas joias preferidas.

– Mas recuso.

– O quê?

– Não posso endossar isso.

*Vertigem do amor*173

– Por quê?

– É fácil demais. Vamos, ela não viu nada, não conhece nada, e por simples curiosidade, não resistirá a mim, cedendo a meu primeiro assédio. Nesse assunto, conheço vinte outros que a dobrariam, e tenho minha reputação, devo salvaguardá-la...

Valmont prefere assediar a sra. de Tourvel, fortaleza aparentemente inexpugnável. Quando Merteuil duvida do interesse esportivo daquele alvo, Valmont defende sua escolha como um pugilista campeão mundial suspeito de querer entregar um combate demasiado fácil:

– O quê? Seduzir uma mulher festejada por suas virtudes morais, seu fervor, a deslumbrante felicidade de seu casamento, ridículo! Não teria eu direito a algo mais prestigioso?

– Acho um pouco degradante ter um marido rival colado em você. É humilhante quando fracassamos, e tristemente banal quando triunfamos. A propósito, por onde anda o sr. de Tourvel?

– Na Borgonha, onde preside os debates de um processo interminável.

– Não espere obter qualquer tipo de prazer com essa aventura.

(Para se justificar, Valmont é obrigado a exagerar:)

– Ao contrário. Saiba que não passa pela minha cabeça infringir nenhum de seus antigos preconceitos. Quero que ela se agarre a seu deus, à virtude e à santidade do matrimônio, embora incapaz de dominar seu coração.

Eis um desafio digno dele. E capaz de disfarçar o interesse vulgarmente estético que ele mostra pela belíssima sra. de Tourvel (Michelle Pfeiffer). O amor como esporte. Mas esporte de combate. Alexandre Kojève, em *Introdução à leitura de Hegel*, parece confirmar o elo entre amor e combate: "O Amor (humano) também é um desejo de Reconhecimento: o amante quer ser *amado*, isto é, reconhecido como valor absoluto ou *universal* em sua *particularidade* mesma, que o distingue de todos os demais." Aparentemente, não há diferença entre o desejo de ser reconhecido pela pessoa que amamos e o desejo de ser reconhecido pela contenda social, uma vez que, ao querer ser amado, o amante pretende ser reconhecido como um absoluto. Entretanto, há uma diferença essencial: no amor, desejamos ser reconhecidos como absoluto, mas sem nada fazer, sem lutar, sem colocar a vida em jogo. Pretendemos ser amados simplesmente pelo que somos, e não pelo que fazemos. O que Hegel critica então implicitamente no Amor "é, de um lado, seu caráter 'privado' (só podemos ser *amados* por pouquíssimas pessoas, ao passo que podemos ser universalmente *reconhecidos*), e, de outro, sua 'falta de seriedade', considerando a ausência do Risco de vida (apenas esse Risco é uma realização verdadeiramente objetiva do conteúdo especificamente humano que distingue, em essência, o homem do animal)."

Passemos a Merteuil fazendo sua profissão de fé a Valmont, num vocabulário próximo ao de Hegel e à luta mortal pelo reconhecimento:

> — Se consegui, foi porque sabia que vim ao mundo a fim de dominar o seu sexo, de, enfim, vingar o nosso.
> — Sim, mas por que método?
> — Eu tinha quinze anos quando debutei na sociedade. Já sabia qual era o papel que me atribuíam pelo resto dos meus dias: calar-me e fazer o que me ordenavam. Isso me permitiu aprender a es-

Vertigem do amor   175

cutar, sentir, observar. Ah, eu de fato zombava do que me diziam, aquilo não tinha nenhum interesse. Mas eu me esforçava para ver o que tentavam me esconder. Eu praticava o distanciamento. Era treinada a sorrir enquanto por baixo da mesa enfiava um garfo entre a carne e as unhas. Depressa me tornei uma virtuose da hipocrisia. Não era o prazer que eu queria alcançar, mas o conhecimento. Eu consultava austeros moralistas para aprender a me comportar, filósofos para aprender a refletir, e autores para ver nos romances até onde eu podia ir. E tudo isso destilei num único e maravilhoso preceito: vencer ou morrer. Sem outra escolha.

– Então você é infalível?

– Se quero um amante, pego. Se ele quiser se vangloriar, quebrará a cara. A história é essa.

– Conte-me o que é a *nossa* história.

– Eu ainda não o conhecia quando o queria. Meu amor-próprio o exigia. E, vendo-o apaixonado por mim, desejei-o com paixão. Nunca até esse dia minha vontade fora ofuscada pelo desejo. Um longo combate.

Impossível exprimir melhor as coisas. Um longo combate entre vontade e desejo. A vontade permite trabalhar e transformar o real. Mas o desejo sempre nos ultrapassa, não conseguimos ser completamente responsáveis nem senhores do nosso desejo. E quando consideramos que podemos trabalhar para nos tornar desejáveis, fazemos tudo passar para o lado da vontade, negando o que vem do desejo. É a contradição interna que atinge essa mulher: ela quer se certificar de que é desejada, mas, ao fazê-lo mata a sinceridade e o encanto, e fracassa à proporção que é bem-sucedida. Certa do sucesso com qualquer um, esse sucesso tem o gosto amargo do fracasso, uma vez que ela nunca é reconhecida pelo que é, mas sempre pelo que faz. Suas conquistas talvez lhe permitam saciar seu desejo de reconhecimento social, ela é uma pugilista do desejo, mas jamais amada por ela mesma. Reconhecida por todos, amada por ninguém. O vício no coração do sistema de Merteuil é a falta de nobreza de sua iniciativa. Fazer a guerra supõe declará-la, enquanto nesse caso ela é travada de maneira furtiva e indigna. Quando a correlação de forças é desfavorável demais, não há nenhuma indignidade em manobrar e praticar a guerrilha furtiva. Mas a indignidade aqui consiste em fazer a guerra contra alguém que só quer amor. Em tais circunstâncias, nada mais fácil. Não se corre nenhum risco, ao passo que aquele que ama arrisca tudo. É a covardia de Merteuil que a condena antecipadamente. A nobreza de suas maneiras esconde a vileza de suas investidas. A astúcia de que ela dá provas revela o medo que a domina. Não pode pretender o respeito, uma vez que não assume nenhum risco, boxeando apenas com adversários inconscientes de seu status, que vieram para amar, não para vencer. Todos os seus golpes são golpes baixos.

Parece que Valmont não vale muito mais. Humanamente nulo, profissionalmente genial – se aceitarmos considerar o desejo como um ofício. Seu talento como operário do desejo consiste em manipular os sinais que têm valor para sua presa. Escutemo-lo fisgando a recatada sra. de Tourvel:

> – Veja que fraqueza a minha, eu tinha prometido a mim mesmo nunca lhe confessar esse segredo tão pesado, e basta olhar nos seus olhos... Não receie, não alimento esperanças ilícitas, jamais ultrajarei sua virtude. Mas amo-a! Não, é mais que amor: é adoração. Por piedade, ajude-me!

Após essa declaração, a sra. de Tourvel refugia-se em seu quarto. Valmont segue-a e, pelo buraco da fechadura, observa as consequências de seu trabalho: reação química, alquímica, física, sua presa sufoca dentro do espartilho. Valmont, como grande profissional da emoção, usou de uma técnica que consiste em fazer um pedido enorme, que só pode ser recusado, imediatamente seguido de um pedido moderado, que não poderia ser recusado porque, por contraste, parece razoável. "Amo-a" – então: "Adoro-a". Ele lhe mete na cabeça a ideia de que a ama, isso é inaceitável, mas ela pode acatar a idolatria, homenagem à sua virtude. Ele igualmente obteve um contato físico atirando-se a seus pés para implorar piedade. Sua técnica consiste em mesclar as manifestações do desejo, que ela é obrigada a recusar, aos sinais de piedade e de virtude, que é obrigada a aceitar. Não é necessário sinceridade para trabalhar. Podemos nos desligar do trabalho. E esse desligamento é a condição de possibilidade de uma estratégia de sedução. Com uma companheira de jogo cujas nádegas ele usa como escrivaninha, Valmont redige uma carta de pretendente apaixonado:

> Caríssima sra. de Tourvel, se eu tivesse desfrutado mais cedo (*a garota-escrivaninha cai na risada*)... Quieta, já disse! ... de seus bons conselhos, a tempestade que acaba de se abater sobre mim teria engendrado a atração abençoada que meu coração tanto espera. A mesa sobre a qual escrevo está molhada pela emoção que sinto. No entanto, apesar dos tormentos do delírio que devora meus sentidos e me impede de fechar os olhos, asseguro-lhe que neste momento sou mil vezes mais feliz que a senhora.

A magia da linguagem permite causar efeito à distância. A correspondência é o primeiro teletrabalho. Como bom profissional, Valmont é capaz de prever o efeito dos sinais que emite. O duplo sentido das palavras empregadas não tem como objetivo simplesmente divertir sua amiga cortesã. Ele utiliza apenas o vocabulário que lhe permita atingir o alvo e tenha duplo sentido. "Gozar" pode designar tanto um êxtase místico quanto físico. Seu trabalho de escavação consiste em embrulhar o vocabulário do gozo físico na embalagem do vocabulário místico. Porém deixando a embalagem entreaberta. A confiança nas palavras, a ambiguidade semântica e o apelo a todos os sentidos, nisto reside o talento de Valmont. Manter-se na fronteira, como ele afirma numa carta à sua cúmplice Merteuil: "Ela aceitou meu amor. Eu aceitei sua amizade. Mas ambos sabemos quão débil é a fronteira entre esses dois conceitos. ... Sinto realmente que ela está à beira da rendição. Seus olhos estão fechando." E insinua as palavras certas no momento certo, palavras sedutoras:

– Infelizmente, dentro de uma semana terei resolvido tudo.

– Ah, entendo.

– Mas tenho medo de não ser capaz de ir para longe da senhora.

– É preciso, por favor.

– Tem tanta pressa assim em ver-se livre de mim?

– É necessária uma resposta? Confio em sua integridade, em sua generosidade. Quero poder ser-lhe grata.

– Não quero gratidão. O que espero da senhora é uma emoção de outra amplitude.

– Sei que Deus castiga esse amor-próprio que me levou a crer que nada disso aconteceria.

– Nada disso o quê? O amor, é isso?

Vertigem do amor 179

– Não, não posso, o senhor prometeu nunca pronunciar tal palavra.

– Sim, compreendo, naturalmente, mas devo, quero saber se me ama. Não a obrigo a dizer, não fale. Mas olhe nos meus olhos. *(Ela ergue os olhos para ele. Depois murmura: "Sim." Ele a beija no pescoço, ela se entrega, se desfaz. Fica de joelhos, abraça-lhe as pernas e implora:)*

– Pelo amor de Deus, se não quer me matar, deixe-me. Ó, não, ajude-me, ajude-me.

(Ela está de joelhos. O inimigo foi à lona. É só terminar. Contrariando toda expectativa, ele a poupa. Que milagre foi esse? Merteuil ironiza Valmont:)

– Pena que a outra sereia tenha conseguido escapar, não acha?

– Permiti que fugisse.

– Por quê?

– Aquela mulher me perturbou.

Valmont, face à sra. de Tourvel, provou de sua própria mediocridade, sua indignidade profunda. Como guerrear contra uma mulher que não quer lutar? Foi isso que o perturbou, a bondade daquela mulher que, ainda por cima, realça a maldade de seu desígnio. Porém, espicaçado por Merteuil, ele irá recobrar-se e dar voz à sua habilidade. Poucos dias mais tarde, aparece gritando "Vitória!", na casa de Merteuil, para fazer-lhe, como ela diz, o relato do embate:

– Foi sem precedente.

– Sério?

– Foi tudo cercado de um encanto misterioso que dificilmente voltarei a encontrar. Uma experiência única. Depois da capitulação, ela se comportou com uma candura perfeita. Um delírio mútuo nos excitava. Uma embriaguez que, pela primeira vez na minha vida, sobreviveu ao prazer da carne. Aquela mulher me enlouqueceu. De tal forma que logo caí de joelhos para lhe jurar um amor único e eterno. E, já que é para tudo confessar, no momento, e nas duas ou três horas seguintes, acreditei nisso.

– Ah é?

– Tudo isso é extraordinário.

– Ah é? Para mim denota uma incrível banalidade.

– Asseguro-lhe. Mas a meu ver o melhor da festa é que agora parece que finalmente mereço minha recompensa.

(*Ele puxa a poltrona dela. Ela se levanta bruscamente.*)

– Estou tentada, cavalheiro, a declarar nosso acordo nulo e não cumprido.

– Por que capricho?

– ... Mesmo que sinceramente não o saiba, está na cara que o senhor ama essa mulher.

Merteuil caiu na própria armadilha. Valmont de fato sofreu a influência da sra. de Tourvel, de quem no início falava de maneira indiferente e hipócrita. De tanto imitar o amor, terminou por senti-lo. Todavia, Merteuil obtém de Valmont que ele rompa com a sra. de Tourvel, pois, se não for amada por Valmont, tampouco permitirá que ele ame outra. Que injustiça, exclama Merteuil, Valmont está apaixonado por uma mulher que nada fez para ser amada por ele, ao passo que ela própria, perita nesse domínio, estafou-se para terminar de mãos abanando! Kojève: "Como dizia Goethe: amamos alguém não por causa do que ele faz, mas pelo que ele é." Em outras palavras, para ser verdadeiramente amado, não há nada a fazer. Exceto

Vertigem do amor 181

ser. É injusto, mas é assim. O mérito não vale nada no amor. Kojève prossegue: "É por isso que podemos amar um morto, pois o homem que não *fizesse* verdadeiramente nada já estaria como morto; é por isso também que podemos amar um animal, sem conseguir 'reconhecê-lo': lembremos que jamais houve duelos entre um homem e um animal – ou uma mulher; lembremos também que é 'indigno de um homem' consagrar-se inteiramente ao amor: lendas de Hércules, Sansão etc." O fim de *Ligações perigosas* nos permite retificar esse texto em dois pontos. Primeiro: nessa obra, lidamos com um duelo entre um homem e uma mulher – ainda que essa mulher, a marquesa de Merteuil, esteja equipada com armas masculinas para vingar seu sexo. E, segundo: escutemos o que Valmont, não obstante inescrupuloso guerreiro do amor, termina por julgar verdadeiramente "indigno de um homem"...

Danceny, que para Valmont não é sequer um rival, apenas um imbecil, um enamorado, um "animal" que podemos amar sem reconhecer, Danceny, quando descobre que Valmont traiu sua confiança seduzindo sua bem-amada, Cécile de Volanges, desafia-o para um duelo. Plano sumamente ridículo, uma vez que Danceny não tem nenhuma chance com Valmont. Por outro lado, ao desafiar Valmont e colocar a vida em jogo, Danceny adquire enfim um valor humano, justamente porque não tem chance alguma. O ridículo mata, mas não aquele que imaginávamos. Danceny, assumindo o risco de morrer em duelo, obtém o reconhecimento de Valmont, que, cansado da vida, deixa-se matar. É por sua bravata que Danceny sobrepuja Valmont. Foi desafiando-o que o matou, ou, mais precisamente, que Valmont compreendeu que estava morto fazia tempo. Valmont, agonizante, pede um último favor a Danceny.

– Eu gostaria que desse um jeito de fazer uma visita à sra. de Tourvel.

– Disseram-me que está muito doente.

– Por isso é tão importante para mim. Precisa dizer-lhe que eu não poderia explicar por que aberração eu a deixei. Desde esse ato insano, minha existência perdeu a razão de ser. Cravei a espada ainda mais fundo do que o senhor. Ajude-me a arrancar essa lâmina do coração. Diga-lhe que ela deve rejubilar-se com a minha morte, pois eu jamais teria podido viver sem ela. Diga-lhe também que seu amor foi a única felicidade que conheci na terra. Fará isso para mim?

– Sim.

(*Danceny está profundamente comovido. A testemunha de Valmont critica-o por isso.*)

– É um pouco tarde para se arrepender.

(*Mas Valmont defende seu adversário e libertador:*)

– Não diga isso. Sua causa era digna de um homem. Acho que ninguém no mundo poderia fazer o mesmo elogio a um homem como eu.

Valmont, inclusive e sobretudo no momento de morrer, escolhe suas últimas palavras com cuidado. Espada no corpo contra lâmina no coração, últimos sobressaltos de uma língua ágil que procura um mensageiro. Talvez o único momento de sinceridade em sua vida. Vertigem derradeira, à beira da morte, de um homem que nunca teve peito para se entregar ao amor. De um homem que compreende, no momento de deixar de ser, que foi incapaz do essencial.

Como diz Sartre em *O Ser e o Nada*, obras como *As ligações perigosas*, ao explorarem a possibilidade de viver o desejo no

Vertigem do amor 183

modo da indiferença, "nos fornecem um conhecimento *prático* do outro e da arte de atuar sobre ele". Nelas, o outro é reduzido ao estado de meio; jamais reconhecido como fim, nem sequer é reconhecido. "Esse estado de cegueira pode continuar por muito tempo, ao sabor de minha má-fé fundamental, ele pode se estender de forma intermitente anos a fio, por toda uma vida: há homens que morrem sem ter – salvo por breves e aterradoras iluminações – suspeitado o que era o *Outro*."

Asas do desejo | A fome de viver

Enquanto outros se dizem prontos a morrer por amor, Wim Wenders, em *Asas do desejo*, nos apresenta um anjo pronto a viver por ele. Pois Damiel (Bruno Ganz), por ora, vive uma vida em preto e branco. Sua vida tem tudo de uma morte. De certa forma, ele é o avesso de Lester em *Beleza americana*. Um anjo que sofre, quando aparentemente tem tudo. Puro espírito, falta-lhe um corpo. É sua perfeição que o priva da sensação de existir: o fato de ser infinito proíbe-lhe enviscar-se, incrustar-se diria Sartre, nos limites estreitos da facticidade corpórea. Libertado da facticidade, de modo paradoxal o anjo sofre por não poder sofrer fisicamente. Simples testemunha. Jamais ator do mundo. Conhece todos os seus segredos, mas esse excesso de saber inverte-se em infelicidade de nada poder. Seu espírito pode tudo, mas, sem corpo, continua impotente. Onisciente e "nihilpotente": sabe tudo e nada pode. Falta-lhe sentir falta, porém, uma vez que sabe tudo, sabe isso também.

Como no caso de Lester, é o encontro de uma mulher que irá despertá-lo de seu sono eterno. Num trailer do Circo Alekan, o anjo escuta os pensamentos da bela trapezista Marion (Solveig Dommartin), sozinha diante do espelho:

Hoje não vou conseguir. Sem trapézio na noite de lua cheia. Não na última vez, na derradeira noite. Preciso acordar desse sonho, o circo acabou. Chega. De novo anoitece dentro de mim. O medo. Medo da morte. Por que não a morte? O essencial, às vezes, é apenas ser bonita. Olhar-se no espelho é como ver-se pensar. O que você está pensando, então? Estou pensando que ainda tenho o direito de ter medo, mas não mais o de falar sobre ele. Você ainda não ficou cega, o coração continua a bater. Mas agora está chorando, gostaria de chorar como uma garotinha magoada. Sabe por que chora, por quem? Não por mim. Pois eu não sei. Gostaria de saber. Não sei nada. Sinto um pouco de medo. Foi embora. Não está mais aqui. Não faz mal.

Pensamentos contraditórios, perturbadores, instáveis, desesperados, depois alegres, graves, depois levianos. Frágeis. Preciosos. Imprevisíveis. Humanos. O que ele não daria para poder ser amado por aquela mulher ou ao menos ser visível para ela? O que não daria para ter um corpo, para ter, como diz Alain, "direito de choque", e consolá-la, tomá-la nos braços! O preço da encarnação é a renúncia à eternidade. Sua hesitação é compreensível, mas ao mesmo tempo ele já conhece a eternidade. O que não conhece é a finitude mortal.

A propósito, vale destacar a homenagem que Wim Wenders presta a seu chefe-cinegrafista ao chamar o circo de "Alekan". Henri Alekan, responsável pela luz e a fotografia do filme, é um grande mestre do preto e branco (sobretudo em *A bela e a fera*, de Jean Cocteau; escreveu belíssimos livros sobre sua arte,

Vertigem do amor   185

como *Des lumières et des sombres*). A escolha do preto e branco para um filme rodado em 1987 não é evidentemente um acaso. Jean-Luc Godard talvez visse nela a tentativa de redescobrir a origem do cinema, em sua relação intrinsecamente complexa com a vida: "Minha ideia é: 'Por que o cinema foi inventado em preto e branco?' Ele poderia ter sido inventado em cores, as cores existiam. Mesmo quando Niepce tirou a primeira fotografia, todo mundo sabia fazer em cores. Eu diria à minha maneira que, a partir do momento em que se roubava da vida sua própria imagem, em que a representação era um roubo, convinha de fato 'ficar de luto'. Daí terem inventado o cinema em preto e branco, porque era preciso ficar de luto pela vida" (entrevista publicada em *Studio*, março de 1995).

Um anjo de luto pela vida, portanto. Mas a vida de um mortal a princípio não é mortal: antes de mais nada, ela é viva. É o que lhe explica um anjo banido, encarnado por Peter Falk, que tem como privilégio sentir a presença do anjo sem vê-lo. Diante de um quiosque de batatas fritas, num frio penetrante, sob o olhar do vendedor que o toma por louco, ele trava um monólogo com o anjo invisível a todos, menos ao espectador, para tentar convencê-lo a se encarnar. Conhece a vertigem do invisível, e eis por que lhe estende a mão. A distância entre eles é infinita, mas, de certa maneira, basta transpô-la. Ela é transposta a priori. Basta mergulhar. Enquanto desenha num caderno, ele se aquece com um café e um cigarro, e interpela Damiel:

    – Não o vejo, mas sei que está aqui. Sinto. Você está por perto desde que cheguei. Gostaria muito de ver seu rosto, olhar para você e lhe dizer como me sinto bem aqui. Deve ser porque posso tocar nas coisas, o que é muito agradável. Ou fumar, ou tomar um café, e, se pudermos fazer isso juntos, será fan-tás-ti-co. Ou então desenhar, veja você, é só pegar um lápis e depois fazer um traço escuro e depois uma linha clara, e, combinando-os, temos um belo desenho. Quando sentimos frio nas mãos, pois bem, esfregamos uma na outra. É uma sensação gostosa, e nos sentimos muito bem depois. Há tantas coisas boas. Mas você não está aqui, eu estou. Gostaria que estivesse aqui. Gostaria que pudesse falar comigo. Porque sou amigo. (*Aperta a mão do anjo no vazio, aperta a mão do invisível.*) *Compañero*.

Desenhar. Aquecer as mãos quando faz frio. Fumar um cigarro. Tomar um café. Estes são os pequenos prazeres prometidos pelo anjo banido, mas feliz, ao anjo eterno e insatisfeito. Paradoxalmente, o que ele lhe promete é a inquietude. A bela inquietude humana. Que não deve ser confundida com a angústia. Como explica Hubert Grenier (*La Liberté heureuse*): "A angústia é uma pausa, enquanto a inquietude é um movimento. Toda angústia é mortal. A angústia é a morte na vida, a inquietude é a vida na vida, a vida que não cessa de se ativar, de se estabelecer e restabelecer nela mesma, a inquietude é a vida da vida, a vitalidade da vida."

"Abaixo o mundo que está por trás do mundo", diz o anjo. Abaixo, como diria Nietzsche, o mundo superior [*Hinterwelt*]. Abaixo o idealismo. No fundo, com Guattari e Deleuze: abaixo o platonismo – origem distante desse debate, uma vez que, já no *Górgias*, de Platão, Sócrates enfrentava o único adversário o qual não se pode dizer que ele tenha vencido com sua dialética: Cálicles, que emitia um discurso segundo o qual é preciso satisfazer seus desejos de maneira regrada ou desregrada, pouco importa, o que conta é a intensidade e o movimento. Sócrates tenta convencê-lo do contrário: "Examine se os dois gêneros de vida, o do sábio e o do desregrado, não são comparáveis, com a condição de dois homens que têm, cada qual, um grande número de tonéis; os tonéis de um estariam em bom estado e cheios, este de vinho, aquele de mel, um terceiro de leite, outros de líquidos variados; aliás, as bebidas de cada tonel seriam raras, caras, e só seria possível arranjá-las com infinitas dificuldades: o primeiro desses homens, uma vez enchidos seus tonéis, não acrescentaria neles mais nada, não teria mais nenhuma inquietude e ficaria completamente tranquilo a esse respeito. O outro homem poderia até comprar as mesmas bebidas que o primeiro, embora com dificuldade. Mas seus tonéis estavam furados e podres, ele seria obrigado a enchê-los sem parar, dia e noite, podendo passar por atrozes sofrimentos. Considerando esse quadro a imagem de duas vidas, você diria que a do homem imoderado é mais feliz que a do moderado? Consegui com esse discurso persuadi-lo de que a condição do moderado é preferível à do outro, ou não causei nenhuma impressão em seu espírito?"

Ao que Cálicles responde: "Nenhuma, Sócrates. Pois esse homem cujos tonéis permanecem cheios não saboreia mais nenhum prazer, e é justamente isso que eu chamava ainda há pouco de viver como uma pedra, sem sentir mais alegria nem dor. Mas a graça da vida está em verter no recipiente o máximo que pudermos."

Eis duas versões, dois modelos de vida radicalmente opostos. Um que considera que a satisfação é ter alguma coisa no tonel e, principalmente, a certeza de que o tonel está bem fechado. Vedar o desejo para satisfazê-lo. Do outro lado, Cálicles, um adepto do ritmo, que aceita as variações e nada teme. Ao contrário: não é porque seu tonel se esvazia e cumpre enchê-lo de novo que sua vida não vale nada, uma vez que, como diz Cálicles, trata-se de encher o máximo possível e gozar precisamente do que Sócrates parece temer: o movimento, a passagem. Cada vez que o tonel se esvazia, é preciso enchê-lo novamente. É este o ritmo da vida. É de se imaginar Cálicles feliz. No momento em que o anjo, que não obstante tem uma vida cheia, cujo tonel não pode se esvaziar uma vez que ele é eterno, decide encarnar-se, ele desiste da felicidade angustiante do cheio. Se ele vira humano, é para conhecer a falta, que traz junto com ela a alegria de viver, de sentir os altos e baixos, as lentidões e fulgurâncias, sempre relativos, da existência. Antes de mergulhar, diz a seu inseparável companheiro: "Vou entrar no rio. Uma expressão humana muito usada que afinal compreendo. É hora de atravessar a vau, mas em frente não haverá outra margem, não posso encontrar vau senão no rio, ele só existe ali. Então atravessarei o vau da morte e do tempo. Vou descer de nosso observatório eterno. Olhar não é olhar de cima, é olhar na altura do olho."

Entrar no rio que não tem outra margem. Entrar num movimento, ao passo que o tonel é sempre promessa de imobilização. Nem um tonel, nem, como diz Lester no final de *Beleza americana*, um "oceano de tempo". Um rio. Bem vivo. O anjo a seu companheiro de eternidade: "Vê a pluma lá longe sobre a água? Ela já desapareceu. Vê as marcas do freio no asfalto, vê as guimbas carregadas, o rio primitivo seco, apenas as poças do presente ainda estremecem." Estremecer, eis a qualidade do presente.

Eis por que Cálicles não pode ser vencido pelos argumentos de Sócrates. Se Sócrates afirma que é possível adquirir coisas de uma vez por todas para gozar delas de maneira indefinida e talvez infinita, Cálicles, por sua vez, é como o anjo, considerando

Vertigem do amor 189

que a felicidade de uma vida humana consiste justamente em renunciar ao infinito, em aceitar nossa condição e nossa oportunidade. O sentido de uma vida não é completar-se de uma vez por todas, e o homem ficar satisfeito, preenchido, contente e tão morto quanto uma pedra, diz Cálicles, mas ser arrebatado pelo rio, pelos vórtices do tempo. Não a vida julgada do ponto de vista da eternidade racional, mas a vida vivida do interior e segundo o ritmo. Uma vida feita de fome e de sede. Uma vida inquieta e rica dessa inquietude.

No momento de concluir este livro, e desejar que, sem lhe ter dado fome, ele lhe tenha dado sede, eu gostaria de citar um tanto extensamente uma passagem de Hubert Grenier, publicada na antologia *La Liberté heureuse*. A meu ver, é um tesouro de profundidade e o que se pode dizer de mais pertinente sobre a inquietude essencial do desejo: "A inquietude é a consciência ativada pelo desejo. De toda forma, seria triste que aquilo a que aspira o desejo, que o desejo deseja fundamentalmente, fosse não mais desejar, que o desejo não tivesse desde o início desejado senão uma coisa: sua supressão. ... Pois a felicidade não é ter o que se deseja, é desejar sempre mais do que se tem. Isso se chama amor. Numa bela página de *O Ser e o Nada*, Sartre apontava que, por si mesmo, o desejo tende não a se reduzir, como julgam os psicólogos tímidos e como dita a base da psicanálise, o desejo é uma pulsão insuportável, mas a ser perpetuada. O homem preza acima de tudo seus desejos. O homem, escreve Sartre, não bebe para se libertar da sede, e nós dizemos, de nossa parte: não bebemos como urinamos, assim como não fazemos amor para descarregar o desejo sexual. Um desejo saciado é então coisa bem diferente de um desejo abolido. Como isso seria triste e absurdo, como a felicidade de beber seria negativa se nela não persistisse a felicidade de ter sede. Pois não existe a sede e depois o beber no qual ela se extingue, é a sede mesma que bebe, é a sede que o beber sacia e leva à sua plenitude de ser. ... Se pela inquietude aprendemos sempre a desejar mais, desejar melhor, se, ao contrário do desejo animal, ela pode se definir humanamente segundo a expressão hegeliana como desejo de desejo, nesse caso, o que pode haver de mais desejável que a inquietude, de mais desejável que aquilo que devemos desejar cada vez mais? Assim entendida, a inquietude nada mais tem de crispado, de convulsivo, de febril. ... A inquietude decerto não é tranquila, a placidez bovina não é da sua esfera; contudo, ela tem sua calma, ela difere da impaciência, que gostaria que seu desejo fosse satisfeito o mais depressa possível, dando provas, assim, de que seu desejo é intolerável e só causa sua infelicidade. Na inquietude, o desejo da felicidade já se realiza na felicidade do desejo."

Enfim encarnado e transportado de um mundo eterno, decerto glorificado pelo preto e branco imperial de Henri Alekan, mas também petrificado num mundo de cores não necessariamente alegres, embora irradiando a alegria superior da realidade vivida, Damiel, o anjo enfim banido, a armadura vazia debaixo do braço – vestígio de sua eternidade perdida –, não soçobra na nostalgia de sua extinta perfeição. Ele não carrega essa armadura vazia como um arrependimento, mas como um compromisso com a vida.

Cheio de entusiasmo, ele caminha, feliz como um homem, por uma Berlim de cores deliciosamente baças e cinzentas. Peter Handke oferece-lhe as palavras para exprimir não o re-

Vertigem do amor 191

morso da eternidade perdida, mas a alegria invencível de estar vivo, tão vazio e tão pleno, rico de um mundo que ao mesmo tempo se oferece e escapa, rico de desejo:

> Ao chegar ao topo da montanha, queria outra mais alta,
> e em cada cidade desejava uma ainda maior,
> e ainda é assim.
> Subia nas árvores para colher cerejas com a mesma volúpia de hoje.
> Ficava tímida diante de estranhos, e ainda é assim. Aguardava a
> primeira neve e continua aguardando.
> Quando a criança era criança, atirou uma lança de madeira contra
> uma árvore como um dardo,
> e ela continua a vibrar.

O desejo de ter mais, sempre mais, deixa de ser aqui o sintoma de uma falta patológica e passa a ser a expressão de uma riqueza essencial. O poema de Handke recitado pelo anjo não descreve o ciclo da insatisfação crônica e incurável do desejo, mas sua voracidade e seu movimento vital. O sempre não designa um ciclo lastimável, o círculo do mau desejo, porém a circularidade em espiral do "desejo que permanece desejo", de um desejo que conserva suas asas. Damiel tem fome de viver: "Fiquei muito tempo afastado, muito tempo ausente, muito tempo fora do mundo. Então, avante na história do mundo, ainda que seja apenas para segurar uma maçã." Não se trata mais de possuir, mais simplesmente de segurar – e vibrar. Sempre. O amor nunca é certo, mal o temos nas mãos, mas a vertigem é uma promessa. Se ela está prestes a cair do céu, é porque o anjo quer sua cota de tempestade.

Filmografia

Juventude transviada [*Rebel Without a Cause*], Nicholas Ray, 1955

Desprezo, O [*Le Mépris*], Jean-Luc Godard, 1963

L'Enfer, Henri-George Clouzot, 1964 (inacabado)

Blow-up, depois daquele beijo [*Blow-up*], Michelangelo Antonioni, 1966

THX 1138, George Lucas, 1971

Touro indomável [*Ragging Bull*], Martin Scorsese, 1980

Asas do desejo [*Der Himmel über Berlin*], Wim Wenders, 1987

Ligações perigosas [*Dangerous Liaisons*], Stephen Frears, 1988

Cinema Paradiso, Giuseppe Tornatore, 1988

Ciúme [*L'Enfer*], Claude Chabrol, 1994

Na roda da fortuna [*The Hudsucker Proxy*], Joel e Ethan Coen, 1994

Cassino [*Casino*], Martin Scorsese, 1995

Toy Story, John Lasseter, 1995

Estranhos prazeres [*Strange Days*], Kathryn Bigelow, 1995

Fogo contra fogo [*Heat*], Michael Mann, 1995

De olhos bem fechados [*Eyes Wide Shut*], Stanley Kubrick, 1999

Bom trabalho [*Beau travail*], Claire Denis, 1999

Beleza americana [*American Beauty*], Sam Mendes, 1999

Réquiem para um sonho [*Requiem for a Dream*], Darren Aronofsky, 2000

Zoolander, Ben Stiller, 2001

Jornada da alma [*Prendimi l'anima*], Roberto Faenza, 2002

Eros, Wong Kar-Wai, 2004

Menina de ouro [*Million Dollar Baby*], Clint Eastwood, 2004

Cruzada [*Kingdom of Heaven*], Ridley Scott, 2005

A fantástica fábrica de chocolate [*Charlie and the Chocolate Factory*], Tim Burton, 2005

Referências bibliográficas

Benjamin, Walter. "A obra de arte na época de sua reprodutibilidade técnica", in Luiz Costa Lima (org.), *Teoria da cultura de massa*. São Paulo, Paz e Terra, 2000, p.221-54.

Carroll, Lewis. *Alice no País das Maravilhas*. Rio de Janeiro, Zahar, 2002.

Chordelos de Laclos, Pierre-Ambroise. *As relações perigosas*, trad. de Carlos Drummond de Andrade. Rio de Janeiro, Globo, col. Clássicos de Bolso, s/d.

Deleuze, Gilles. "Michel Tournier e o mundo sem o outro", in *Lógica do sentido*. São Paulo, Perspectiva, 2009, 5ª ed.

_____. *Abecedário*. São Paulo, Ed. 34, 2004.

Deleuze, Gilles, e Guattari, Félix. *Mil platôs*. São Paulo, Ed. 34, 5 tomos.

_____. *O anti-Édipo: capitalismo e esquizofrenia*. São Paulo, Ed. 34, 2010.

Éluard, Paul. *Le dur désir de durer*. Paris, Bordas, 1946.

Girard, René, Ourghourlian, J.-M., Lefort, Guy. *Des choses cachées depuis la fondation du monde*. Paris, Grasset, 1978.

Grenier, Hubert e Pourriol, Olivier. *La Liberté heureuse*. Paris, Grasset, 2003.

Hemingway, Ernest. *Paris é uma festa*, trad. de Ênio da Silveira. Rio de Janeiro, Civilização Brasileira, 1969, 2ª ed.

Kojève, Alexandre. *Introdução à leitura de Hegel*. Rio de Janeiro, Contraponto, 2002.

Kyrou, Ado. *Amour, érotisme et cinema*. Losfeld, 1966.

Monroe, Marilyn. *Fragments* [org. Stanley Buchthal e Bernard Comment]. Paris, Seuil, 2010.

Platão. *Górgias*, várias edições brasileiras.

_____. *O banquete*, várias edições brasileiras.

Sartre, Jean-Paul. *O Ser e o Nada*. Petrópolis, Vozes, 2005, 13ª ed.

Shakespeare, William. *Otelo*, várias edições brasileiras.

Spinoza, Baruch. *Ética*, parte II, "A natureza e a origem da mente". São Paulo, Autêntica, 2008.

Stendhal. *Do amor*. São Paulo, Martins Fontes, 1999.

Tarkovski, Andrei. *Le temps scellé: de l'enfance d'Ivan au sacrifice*. Paris, Cahiers du Cinéma, Paris, 1989.

Tournier, Michel. *Le roi des Aulnes*. Paris, Gallimard, 1970.

Agradecimentos

Este livro, resultado de uma série de conferências, está longe de ser exaustivo. Alimentou-se das perguntas, observações e críticas dos diferentes públicos que encontrei na MK2 Bibliothèque, em Paris; na Cinemateca de Nice; na Cidade dos Quadrinhos de Angoulême; nos cinemas (Hyères, Beauvais, Troyes, Chaumont, Marseille, Anglet, Rio de Janeiro); em liceus (Saumur, Sèvres, Compiègne, Lausanne, Morges, Sion); ou em eventos diversos (Festa Literária Internacional de Paraty, Jornadas Portas Abertas do *Nouvel Observateur*, colóquio Gypsy na Faculdade de Medicina de Paris, "Recaída e esquizofrenia" em Lyon, Os Encontros de Sophie em Nantes, Festival Philosophia em Saint-Émilion). Tenho certeza de que estou esquecendo alguns. Faço questão de lhes agradecer por ter tornado esse trabalho possível com sua atenção, condescendência, exigência, curiosidade e presença.

http://www.studiophilo.fr

Obrigado a:

MK2: Elisha, Marin e Nathanaël, Claude Raphaël, Guillaume, Ragnhild, Alexandre, Myriam, Sébastien, Jean-Marie, Ranjitha, Jacques, Jérôme, Levent, Louise, Bertrand, Caroline, Joffrey, John e toda a equipe do MK2 Bibliothèque.

Jean Douchet, Odile Chapel, Sophie Duez, Stéphane Charbit, John Truby, Pierre-Alexandre Schwab, Alain Gérard, Cynthia Fleury, François e Marie-Jeanne Ollandini, Atiq Rahimi, André Manoukian, Philippe Mahrer, Bruno Boulay, Anne-Sophie Berthellin, Xavier Lazarus, Jean-Maurice Belayche, Sophie Bousseau, Rafael Soatto, Olivier Bouchara,Vincent Monnier, Christian Doucet, Nathalie Frieden, Cédric Pillet, Christophe Calame, Henri François Zech, William Jouan, Raphaël Ferreira, Czeslaw Michalewski, Guillaume Durand, Frédéric Peltrault, Yan Cézard, Cristina Zahar, Charles Pépin e Guillaume Allary.

A marca FSC é a garantia de que a madeira utilizada na fabricação do papel deste livro provém de florestas de origem controlada e que foram gerenciadas de maneira ambientalmente correta, socialmente justa e economicamente viável.

Este livro foi composto por Letra e Imagem em Dante Pro 11,5/16 e impresso em papel pólen soft 70g/m² e cartão triplex 250g/m² por Geográfica Editora em maio de 2012.